瑜伽之祖巴坦加里的塑像

印度大圣哲巴坦加里大约生活在公元前200年左右（关于巴坦加里的出生年代，另有其他说法），他所创作的《瑜伽经》是第一部将印度古老的瑜伽传统有系统地介绍给世人的圣典。巴坦加里赋予了瑜伽所有的理论和知识，使瑜伽哲学形成了完整的理论体系和实践系统。巴坦加里被公认为瑜伽哲学的创立者。

沙吉难陀是全球“整体瑜伽”协会的创始人。他 1914 年出生在印度南部，出家前，接受了奇巴凡南达导师的启引；随后，他追随了希瓦难陀。1949 年，希瓦难陀任命他为印度出家和尚。

沙吉难陀老师举办过无数次瑜伽与宗教的研讨会、研习会、研修会、退隐避静（Retreat）等活动，也常受邀于世界各地，做以“通往和平之道”为主题的演讲。在这个物质文明繁荣、人心浮躁的社会里，沙吉难陀老师俨然成为欧洲、美洲、东南亚等地区的道德与精神领袖。

沙吉难陀老师曾因服务公益而得到许多荣誉、奖章，这其中有人道主义慈善奖、反破坏联盟慈善家奖和两个荣誉博士。1996 年 10 月，联合国更颁发给沙吉难陀老师朱丽叶·郝立兹信仰交流奖。

沙吉难陀老师会见美国前总统威廉·杰斐逊·克林顿

为推动宗教和谐，沙吉难陀老师旅行各地，会见过一些政府领袖、精神领袖，如美国前总统威廉·杰斐逊·克林顿、印度国父圣雄甘地、联合国前秘书长吴丹、印度前总理英迪拉·甘地、诺贝尔和平奖得主泰瑞莎修女等。

坐落在美国弗吉尼亚州的莲花寺院

莲花寺院中的瑜伽修行者

沙吉难陀身体力行，建造了信仰合一的伟大工程：宇宙真理之光寺院。1986年，世界独一无二、可容纳世界所有主要宗教的莲花寺院诞生了，它坐落在美国弗吉尼亚州的瑜伽村，是一个在沙吉难陀老师领导下的精神中心。它将依据瑜伽与宗教原理，为全人类带来安详、和谐、大爱与和平。

本书译者陈景圆女士是美国“整体瑜伽”中国台湾代言人、瑜伽老师。2000 年，她前往“美国整体瑜伽莲花学院”深造，获沙吉难陀老师亲自颁发的师资文凭。毕业典礼当天，她亲口答应沙吉难陀老师，将他所诠释的《巴坦加里的瑜伽经》的英文本翻译成中文。

陈景圆女士为华人瑜伽修行者讲解瑜伽

陈景圆女士积极参加各种瑜伽的考察、研习活动，并在各种国际活动中，担任瑜伽课程的安排及翻译工作，备受好评。2002 年至今，陈景圆女士多次进行巡回讲座，为华人瑜伽修行者讲解《瑜伽经》的深奥含义。

精装特藏版

巴坦加里的
瑜伽经

[印] 沙吉难陀◎著
陈景圆◎译

商务印书馆国际有限公司

图书在版编目（CIP）数据

巴坦加里的瑜伽经 ： 精装特藏版 / （印） 沙吉难陀
著 ； 陈景圆译. -- 2版. -- 北京 ： 商务印书馆国际有
限公司，2018.8（2019.9重印）

ISBN 978-7-5176-0594-2

Ⅰ. ①巴… Ⅱ. ①沙… ②陈… Ⅲ. ①瑜伽派—哲学
思想—印度 Ⅳ. ①B351

中国版本图书馆CIP数据核字(2018)第131415号

著作权登记号　图字：01-2018-5739

巴坦加里的瑜伽经：精装特藏版

作　　者　（印）沙吉难陀
译　　者　陈景圆
责任编辑　李东晓
出版发行　商务印书馆国际有限公司
（地址 北京市东城区史家胡同甲 24 号 邮编 100010）
经　　销　北京时代联合图书有限公司
经销热线　010-65512133　65523381
印　　刷　北京鑫益晖印刷有限公司
开　　本　710mm×1000mm　1/16
印　　张　23.5
字　　数　273 千字
版　　次　2019 年 9 月第 2 版第 5 次印刷
书　　号　ISBN 978-7-5176-0594-2
定　　价　68.00 元

目　录

沙吉难陀简介

沙吉难陀（Sri Swami Satchidananda）是全球“整体瑜伽”（Integral Yoga）协会的创始人，更是一位人人尊敬的瑜伽大师、精神领袖与和平使者。在美国，他被尊称为“乌思塔克大师”（Woodstock Guru）。

1914年，沙吉难陀出生在印度南部，家境富裕，父亲是非常富有的地主，父母均信仰虔诚。小时候，父母希望他将来能成为大企业家。但自从太太过世后，他对人生有了更深的领悟，毅然决定投身宗教，脱离俗世生活的一切束缚。

出家前，沙吉难陀接受了Ramakrishna教派的奇巴凡南达大师（Sri Swami Chidbhavanandaji）的启引；随后，他追随了希瓦难陀（Sri Swami Sivananda）——一位非常著名的喜马拉雅神圣生命协会（Divine Life Society, Himalayas）的精神大师。他不断地学习，并接受训练。1949年，希瓦难陀任命沙吉难陀为印度出家和尚。

之后，沙吉难陀在瑜伽吠檀多森林学院（Yoga Vedanta Forest Academy）教学多年，并在喜马拉雅神圣生命协会印度各地的分会以及斯里兰卡、远东地区等地方指导宗教、瑜伽活动。

1966 年，沙吉难陀应电影制片人康拉·路克（Conrad Rooks）和艺术家彼得·迈克思（Peter Max）的邀请，前往美国访问，随后定居美国。

1969 年，在纽约乌思塔克的一个大广场上，有一场为期三天的热门音乐会，共有六万多名美国年轻人前来聆听。沙吉难陀应邀在开幕仪式上致辞，他将瑜伽的益处介绍给所有年轻人，赢得了满堂喝彩，也因此被尊称为"乌思塔克大师"。

沙吉难陀是"整体瑜伽学院"（Integral Yoga Institute）的创办人。目前，此学院在印度、美国各地皆有分院。

"整体瑜伽"在沙吉难陀的不断改进下，结合了各种瑜伽方法，包括哈达瑜伽、呼吸练习、放松技巧、无私的服务、冥想静坐、祈祷等等；当然，还吸收了古印度数千年来的哲学，帮助个人寻找内心的和平与快乐。整体瑜伽的练习与规则甚至成了迪恩·欧尼斯博士（Dr. Dean Ornish）救助心脏病患者的主要方法，也是迈克·勒纳博士（Dr. Michael Lerner）治疗癌症的主要辅助手段。

沙吉难陀的身体力行，建造了信仰合一的伟大工程，就是宇宙真理之光寺院（Light of Truth Universal Shrine，即"LOTUS"）。这座世界上独一无二的、可包容世界主要宗教的寺院于 1986 年诞生。它就坐落在美国弗吉尼亚州的瑜伽村，是一个在大师领导下的精神中心，依据瑜伽与宗教原理，致力于为全人类带来安详、和谐、大爱与和平。

沙吉难陀举办过无数次瑜伽与宗教的研讨会、研习会、研修会、退隐避静（Retreat）活动等，也常受邀于世界各地做以“通往和平之道”为主题的演讲。在这个物质文明繁荣、人心浮躁的社会里，大师俨然成为欧美各国及印度各地区道德与精神的领袖。他同时服务于“国际瑜伽教师协会”咨询委员会、欧洲国际瑜伽联盟、英国瑜伽组织和许许多多和平与信仰交流组织。

为了推动宗教的和谐，沙吉难陀奔走于世界各地，会见过一些政府领袖、精神领袖……如印度国父圣雄甘地、联合国前秘书长及缅甸政治家吴丹（U. Thant）、印度总理英迪拉·甘地（Indira Gandhi）、诺贝尔和平奖得主泰瑞莎修女、和平使者科瑞塔·金夫人（Mrs. Coretta Scott King）等。

沙吉难陀曾经因服务公益而得到许多奖章、荣誉，这其中有人道主义慈善奖（Humanitarian Award）、反破坏联盟慈善家奖（Anti-Defamation League Award）和两个荣誉博士。1996 年 10 月，联合国更颁发给大师朱丽叶·郝立兹信仰交流奖（The Juliet Hollister Interfaith Award）。

1998 年，沙吉难陀被赋予殊荣，担任朱丽叶郝立兹信仰交流奖的荣誉主席。他为和平奉献一生，无论是个人或全宇宙的和平，并致力于全人类的宗教和谐，是一位受人敬爱的大师。

沙吉难陀的著作有《哈达整体瑜伽》（Integral Yoga Hatha）、《认识你自己》（To Know Yourself）、《超越文字语言》（Beyond Words）等。他也是两本传记的主角：《和平使者》（Apostle of Peace）和《一位现代哲人的描述》（Portrait of a Modern Sage）。

沙吉难陀已于 2002 年 8 月 19 日在印度为众生开示时含笑往生，他已脱离躯体而永远与我们同在。

推荐序一

瑜伽经典再现

欣喜见到沙吉难陀尊者所诠释的《巴坦加里的瑜伽经》中文版发行了，这本书经由尊者的弟子陈景圆长时间的努力而完成。由于她的耐心、爱心和毅力，这本伟大的经典终于被翻译出来。

陈景圆女士秉持坚定的信念，克服了许多的障碍，才使得这部鼓舞人心的瑜伽经典再现。由此，这本经典著作的中文版的发行将嘉惠许许多多的中国灵性追求者。我亲眼目睹景圆的生命由于受到这本伟大圣典的影响而改变，而她更是以自己的切身体会为此书描绘出一个宽广、深奥的心灵空间，这将是引导大家认识心灵知识的门径。

瑜伽是人类文明之树上的一颗硕果，它博大精深，但很遗憾，现今的瑜伽已被大众视为健身美容的方式。景圆非常尽心地指出，身体的锻炼很重要，但那只是浩瀚瑜伽知识中的一小部分。不论你的信仰是什么，这本瑜伽经会加强你的信心和练习。

这本书由现代伟大的灵性导师所指引，使荣耀的瑜伽哲理、知识能在中国人的世界广泛流传。

愿所有的人内心都充满和平、喜悦、慈爱和亮光。

圣者 Swami Asokanandaji

（印度）沙吉难陀瑜伽学院院长 President Satchidananda Ashram–Yogaville

国际整体瑜伽 Integral Yoga International

白金汉，弗吉尼亚州，美国 Buckingham, Virginia, U.S.A.

2005 年 9 月

推荐序二

回归纯洁的真实自我

在三十年前开始学习瑜伽时，老师就介绍了学习瑜伽的目的是天人合一，可我一直无法理解何谓天人合一，目的为何，方法是什么，总觉得深不可测。而我们大多数人在学习瑜伽的过程中皆着重于体位法，其解释是健康与美容。今日有幸，能有一本“瑜伽经”可供后来学习者参考。在《巴坦加里的瑜伽经》里，大师告诉我们很完整的修行方法与内容，也解开了我三十年来的迷惑。

瑜伽的修炼是去掉我执（即小我），与大我（宇宙、大自然）合而为一。人的执着极其坚固，没有通过长期的修炼和明师指导是很难破除我执的，更谈不到明心见性了。瑜伽经里告诉我们，约束心灵的变化就是瑜伽。瑜伽就是身心的结合，束缚或解脱都来自于自己的内心。将这妄念纷飞的杂乱心通过修行，回归到原来真实纯洁的本性，那就是真实的我。

巴坦加里大师又告诉我们，把心静下来，达到约束心灵的基本原则，就可发现所有的事物都是结合在一起的，这就是瑜伽的生活。万物都是互相供养、互相依存的，如果明白这一点，就是真爱的表现，没有动机、不自私、无我地相对待。一位解脱的人不会对任何事物产生依恋，他的心灵是纯净的。在《巴坦加里的瑜伽经》整部书里阐述得非常清楚，瑜伽的修行还是着重内心的启发，透过冥想进入三昧之境，于十法界中可以达到更详尽、透彻的认知。

我们很感谢陈景圆老师翻译这本瑜伽经，可供瑜伽修学者不至于误解神圣的瑜伽本意。祝福所有修学者平安、速成就。

（日本）冲道瑜伽会理事长 江震光

作者序

瑜伽圣典

亲爱的学生们：

看到这本书的出版，我真是快乐极了。许多年来，这本瑜伽经就像圣经一般，在我的瑜伽修行路上给了我各种帮助，还给了我许多极具价值的指引。

巴坦加里·马哈利希（Patanjali Maharishi）对瑜伽有完整的诠释，我欣赏其文辞清晰、简洁、深刻，他优美地呈现出各个支派从浅显到最深入、完整且精确的瑜伽学问。它是一部现行的经典，照亮了我们的心灵通道。

瑜伽经的内容既紧密又简洁，一定要慢慢地念，小心地念，并带入冥想。这时，你就可以用“心”来学习一些最重要、最有用的知识。这本书不像一般的流行小说（快速看完后丢掷一边），也不是一本以哲学和理论来充实内心的博学书籍，它是一本实用手册，你每看一次，就会吸收得更多，进而帮助你成长。所以，就让我们慢慢地学习吧。不管我们知道多少，让我们练习它，不断地练习——练习是瑜伽最重要的精神，我们就能找到我们的心灵通道。

要知道，所有的见解和练习都是为了帮助我们，让我们忘掉私心，并不断地开阔心胸，就像我的老师希瓦难陀说：“做好人，做好事。”就这么简单，做好人，做好事，你就拥有全部的智慧。

让我们每天检视自己是否有进步。我们每天都应该让自己提升一点，态度变得更豁达，减少我们的私心，让我们更能主宰自己的身、心、灵，这才是真正能帮助我们的瑜伽。让这最高的目标能与《巴坦加里的瑜伽经》所说的目标一致：有一天我们都能达到三摩地的至高境界，完全脱离束缚。这种解脱并非在遥远的将来或是死后才能达到，它在我们活着的时候即可实现。

愿所有的圣哲和瑜伽创造者——巴坦加里·马哈利希和所有的神保佑我们，以纯洁的心和深入的冥想达成目标。愿这神圣的瑜伽知识感动我们，成为寻求内在和平与快乐的主宰力量，并与所有的人类共享。

OM　和平　和平　和平　愿神保佑你

瑜伽永远与你同在

Swami Satchidananda

1978 年 3 月

译者序

一本启发智慧的生命之书

清晨五点，位于美国弗吉尼亚州白金汉镇瑜伽村的一座山丘顶上，一座湿婆神（Lord Shiva,印度瑜伽神）寺庙，来自世界各地参加瑜伽师资训练班的四五十位学员，在寺庙四周的回廊里及外面的草坪上静坐，回廊没有墙壁。

寺庙因坐落在山丘顶上，可一眼眺望四周的树林、大片草地、湖泊与莲花池，好静、好美，静得可以听到此起彼落的虫鸣鸟叫声和我们自己的呼吸声。远处鸡鸣声起，天色朦胧转亮。他，我的老师沙吉难陀尊者，就坐在我们之间，安详恬静，一袭清洁淡雅的长袍。

沙吉难陀尊者是那么的庄严与自在，看见他好生敬畏，他却亲切地向四处招招手，要我们靠近他，坐在他的旁边。这使我想起古印度著名的经书《吠陀奥义书》（Upanishad，优婆尼沙）——梵文的意思是靠近大师坐，可聆听教诲。

太阳缓缓地上升了，沙吉难陀尊者亲切地看着我们，笑眯眯地说："太阳出来了，我们都会被启蒙（照亮）了（The sun is coming out, we are all enlightened. ）。"亲切简单的语句，道出大师心中深厚的哲理。

二〇〇〇年，我自美国弗吉尼亚州沙吉难陀瑜伽学院（Satchidananda Yoga Ashram，又称宇宙真理之光寺院[Light of Truth Universal Shrine，即 LOTUS]，简称“莲花学院”）的瑜伽师资班毕业。毕业典礼当天，我亲口答应沙吉难陀尊者，将他所诠释的《巴坦加里的瑜伽经》的英文本翻译成中文，好让全世界喜爱瑜伽的华人在修行瑜伽时，能有一本值得参考依据的经典，成为他们日后在瑜伽修行路上的指引。

我是如此荣幸，感到身负重任，我的先生也特意为我买了一台手提电脑。于是，我展开了漫长的翻译工作。在此期间，我曾遇到翻译上的瓶颈，使我中断、继续，又中断、又继续。由于老师已于 2002 年往生，于是我前往印度，请教后来追随的另一位老师——沙惕雅南达·沙拉思瓦第。无限感恩，所有的疑惑在老师的开示下一一厘清，心中充满欢喜。我以一颗虔诚及服务的心，将此一珍贵、内容丰实的圣典献给所有对瑜伽有兴趣以及和瑜伽有缘之人。

这本《巴坦加里的瑜伽经》经过两年时间的翻译，加上一年时间的校稿、润稿及诠释，终于呈现出来了。是辛苦，是责任，也是喜悦，复杂的心情难以言喻。

老师的翻译精简，诠释更是精辟，有独到的见解，所举的例子更是令人印象深刻。这是一本哲理书籍，内容极为精微，常需要一读再读，每读一次，即有更深刻的认识，总是令我欢喜在心头。

瑜伽的修身有两种含义，狭义地说是为了身体的健康与自在；广义地说，修身是为了修心。“心”是最复杂的东西，要如何认识你的心、你的意识、你的真实自我、你的本性，并将它从外在复杂的物质世界引向内在那无垠广阔的宁静世界，而从中得到大智慧与喜悦，是这部经典主要探讨的内容。

巴坦加里的智慧如同瑜伽大海，深不可测，他只用一些简单的梵文古字、片语就能启发后世的老师、智者，对人类身、心、灵深入浅出地表达出各种诠释与意境。

我的老师沙吉难陀尊者已经以最完美的方法、观点来诠释（我尤其喜爱他所举的各种例子与一句话点醒梦中人、神来之笔的智慧）。虽然对他的意境诠释空间尤感表达不足，对瑜伽哲理的深奥也留下了许多个人的理解空间——似乎无论如何诠释，仍然道不尽瑜伽学问的浩瀚；但是，我愿大家在圣人巴坦加里的启引、沙吉难陀尊者的开示下，能够获得心灵的提升，走向智慧、永恒与喜悦之路。

老师的结语说得真好：“整个生命就是一本敞开的书，一部经典，要好好读它，在日常生活中就可以学习。”这就是瑜伽。

陳景圓

（2003 年 12 月 2 日凌晨 6 时中文翻译完稿于日月潭涵碧楼）

（2005 年 4 月 5 日中文校对及诠释完稿于中国台北）

译者前言

一提到瑜伽，大部分人会立即联想到一些放松和扭曲身体的动作。事实上，这只是瑜伽非常小的一部分，是最近才发展出来的。瑜伽体位法或哈达瑜伽的初始设计目的是为了使真正的瑜伽练习能更省力，也就是练习对心灵的认识与控制。所以，瑜伽真正的意思是“心的知识”。

大家都希望多认识心灵——它如何运作？我们如何与它一起工作？因为这个领域与我们最密切。了解如何修车、煮饭或原子如何分裂，也许会比较有趣又有用，但有思想的人对当下的领悟与觉知会更有兴趣——那就是他们的心。

什么是心？它是否决定我们的行为和经验，或者我们是否创造或维持它的活动？什么是意识？我们是否可以转向内心来学习和了解，甚至控制我们的心？这就是古代拉加瑜伽学问要讨论的主旨。

就传统而言，瑜伽这个词是根据拉加瑜伽（Raja Yoga）而来的，意为心灵上的知识。目前，随着对意识及心灵知识感兴趣的潮流发展，我们自然而然地转向了古代的拉加瑜伽学问。

在西方，有许多人研究及控制心灵，每一个贡献都有不同的理念和技巧。但是，相较之下，古代的瑜伽知识还是伟大的祖宗。数千年来，瑜伽行者一直在研究心灵与意识的神秘堂奥，我们可能发现他们的研究和我们的研究一样适用。

拉加瑜伽的原文为“巴坦加里的瑜伽经典”（The Yoga Sutras of Patanjali），又被称为“巴坦加里的瑜伽经”或“梵文瑜伽经”（Yoga Darsanam）。以字义而言，Sutra 意为“线”，亦即每一条经文都像是一条最简单的线，为了学生，老师在这条线上加上自己的体验之“珠子”。

《巴坦加里的瑜伽经》共一百九十六条经文。从传统上的意义而言，分成了四个部分。

第一部分是“三摩地篇”（Samadhi Pada），提及瑜伽理论和三摩地的最高境界，巴坦加里可能希望一开始就提供学生一些启示后，再练习瑜伽。

第二个部分为“练习篇”（Sadhana Pada），其内容也有瑜伽哲理，但是比较着重于实际的练习。传统的拉加瑜伽八个阶段里的前五个阶段在此篇都有详细的说明，如练习的好处、可能遇到的障碍以及克服障碍的方法等。

第三个部分为“成就篇”（Vibhuti Pada），讨论拉加瑜伽八个阶段里的后三个内在的阶段，以及对一个热忱的练习者来说可能增加的能量及成就。

最后一个部分为“解脱篇”（Kaivalya Pada），从大宇宙、深入的哲学观点来探讨瑜伽。

没有人知道巴坦加里生于什么年代，他是否只是一个人或是许多人共用巴坦加里这一个名称，也是无从考据。根据推估，瑜伽经出现的年代应从公元前五千年算起。无论如何，他可能并没有发明拉加瑜伽，确切地说，是他组织、编辑了各种存在的瑜伽理念和练习的成果。从此，他就被称为“瑜伽之父”。他的瑜伽经是所有不同瑜伽冥想派系的一个基础，源远流长，至今形成了无数的形式与派别。

沙吉难陀尊者是最知名，也是在此一时代最能代表瑜伽典范的人之一。他对瑜伽的整个研究与努力，称为“整体瑜伽”（Integral Yoga），或是“综合瑜伽”（Synthesis Yoga）。他对每一个体皆从各个角度来考量：身体、情绪、心理、智慧和社交方面等等。但是，他常常说，整体瑜伽与拉加瑜伽其实没有什么不一样。

拉加瑜伽本身就是个完整的研究，它并不只是提倡冥想静坐，而是思考到一个人的整个生命。其哲学是有科学依据的，沙吉难陀大师欢迎并实际要求学生去实验查证。

拉加瑜伽最终的意图是使一个对瑜伽认真努力的个体能够彻底改变；其目标是将有限的身体、心理与情绪转变为一个完全启发、彻底和谐、完美的生命，也就是让个体从喜欢或不喜欢、痛苦或快乐、成功或失败的情境中，到一个永远和平、欢喜、无我奉献给全世界的圣人。

我们来看看沙吉难陀导师的成就。

沙吉难陀二十八岁以前过着传统生活，在印度南部的一个小村子里长大；后来，他学习农业、科学和工艺。在不同的工业与商业领域里工作时，他并不满意这些事情。于是，他全心追求瑜伽。

开始时，沙吉难陀借由书籍来练习，后来追随许多印度伟大的哲人与圣人，如 Ramakrishna 教派的奇巴凡南达大师（Sri Swami Chidbhavanandaji）、拉马纳玛哈西大师（Sri Ramana Maharshi）和奥罗宾多（Aurobindo）。

1949 年，沙吉难陀来到印度瑞希克斯（Reshikesh）希瓦难陀的瑜伽学院，找到了老师与精神指引者，他追随圣者希瓦难陀，并得到导师的修道启引。在希瓦难陀寺院里，他学习、工作了好几年，直到他学会了拉加瑜伽。希瓦难陀与他后来都称拉加瑜伽为“整体瑜伽”。

从此，沙吉难陀被视为世界级的老师，帮助、引导了成千上万的学生和团体，如整体瑜伽学院、沙吉难陀寺院、喜马拉雅神圣生命协会分会及其他团体。他也活跃于全基督教会的活动，利用所有的机会将不同宗教的神职人员聚集起来，从中发现了彼此努力的共通点。

沙吉难陀那特有的生命——每一句话、每一个动作都展现出他与大自然的和谐，超越了狭隘的局限。他是一位领导我们学习拉加瑜伽最完美的指导者。

巴坦加里是宽容的缩影，对各种方法均以无私、宽大的态度来研究，他的教导不会局限于一种特别的技巧、任何宗教和知识，或是任何其他方法，他给予的是一般原则与范例。举例来说，冥想的事物与其说“耶稣是唯一的救世主”、“奎师纳是至高无上的神，对他冥想吧！”或者“只用声音的振动频率来进行冥想”、“梵咒会给你瑜伽成效”，不如简单地将所有的可能性让你选择，然后再做结论。所以，他表示——“你可以选择任何能让你精神提升的静坐方法”。

可能就是这种宽大无私的胸怀使沙吉难陀特别钟爱《巴坦加里的瑜伽经》，他的理想与方法和巴坦加里一样——是全然的包容。他不否认任何人，也不改变任何人的信仰，只推荐认知的技巧，以扩展一个人现有的哲学、宗教理念——最重要的日常生活的经验。在古印度，虽然巴坦加里和拉加瑜伽是当时最卓越的，具有丰富的经验与科学，但他们还是请求要自主发问、认真学习、分析和应用。

在所有的瑜伽经出版物中，本书是独一无二的，它是依据瑜伽大师在演讲瑜伽经典和进行瑜伽活动授课时的口述说明。它并不是为出版或为了其他荣耀而写的，而是瑜伽大师对学生谈到真实传统经典的谈话记录，来自一位生活典范者的生活体验与述说。

我们期望这本书——通过现代瑜伽大师沙吉难陀深入浅出的讲述，能够为真理追寻者和瑜伽从业者带来巴坦加里最大的启示和实际指引。

三摩地篇

SAMADHI PADA

我们将展开拉加瑜伽(Raja Yoga)的学习，拉加瑜伽又称为阿思坦加瑜伽（Ashtanga Yoga)、瑜伽八阶。

哲人巴坦加里·马哈利希(Patanjali Maharishi)详细整理并阐述了最早及最重要的瑜伽文献——《瑜伽经》，然后解释给学生听。当他叙述这些理念时，学生便记录下摘要，只有几个字，后来就成为经文(Sutra)。

“Sutra”的字义是“线”，所以这些经文就像被线穿起来的字一般，有时不太成句子，没有主题、没有述词等。

在这短短的一百九十六句简短经文里，所有的瑜伽学问被清楚地描绘出轮廓，包括它的目的、需要的练习、学习途中遇到的障碍、如何排除障碍以及从练习中得到成果等。

१. अथ योगानुशासनम् ।

ATHA YOGĀNUŚĀSANAṀ.

【ATHA：现在；YOGA：瑜伽；ANUSASANAM：阐述、教导、解释】

1 现在要阐述什么是瑜伽了。

Anusasanam 的意思是阐述或教导，因为巴坦加里并不仅仅想解释哲理，而是希望指导人们如何学习瑜伽。只有哲理是不能满足我们的。我们不能只靠对字句的理解来达到目标，实际的练习才能有所成就。

·我的感悟·

२. योगश्चित्तवृत्तिनिरोधः ।

YOGAŚ CITTA VṚTTI NIRODHAḤ.

【YOGAS：瑜伽、结合；CHITTA：心灵的本质；VRITTI：变化、修饰、改变；NIRODH：约束、控制、阻止】

2 约束心灵的变化就是瑜伽。

在《瑜伽经》里，巴坦加里赋予了瑜伽目标，对一个充满热忱的学习者来说，有这本经典就够了，因为其他的书籍也只是在解释这本经典。如果能约束心灵的变化，就可以达到瑜伽的目标，所有的瑜伽知识都是以此为基础。巴坦加里给予了瑜伽定义，并同时教导如何练习它。

“如果你能约束心灵不起涟漪，你就可以体验瑜伽了。”现在让我们来逐字讨论这部经典。

一般来说，瑜伽这个词被翻译为“结合”。但是，要结合一定得有两样东西，是什么与什么结合？就是身与心的结合。这里我们以“瑜伽”来代表瑜伽的经验，这种借由控制心灵的变化而得到的特殊经验被称为瑜伽。

七坦(Chittan)是指心灵的全部，要能一窥巴坦加里所说的心灵全貌，应该先了解在“七坦”里心灵的层次。

心灵的最底层叫作阿汉卡拉(Ahamkara)，即本位主义的“自我”层面，以“我”为主；往上则为灵性智能层面，叫作布地(Buddhi)，是能提升智能或增加辨别的能力。另一个心灵层面叫作马纳斯(Manas)，即为欲望层面，系通过感官被外在的事物所吸引。

举例来说，你正安静地坐着，享受着孤单，当厨房传来一阵香味，那一刻欲望层面会记录：“我闻到香味了。”这时，智能层面会区分差异：“那是什么味道？”“我想是乳酪。”“真好，哪一种？”“瑞士的。”“对，就是瑞士乳酪。”那么，一旦智能决定：“是的，是很好的瑞士乳酪，就像你去年在瑞士爱吃的那一种乳酪。”自我层面会说：“哦，是吗？那我现在应该吃一点。”

这三种想法往往同时产生，一切都发生得太快了，致使我们很少能辨别其中的改变。

这些心灵上的变化，引起了你极力想要吃到乳酪的念头。此时，欲望被引发了，除非你窥视厨房，并且吃了乳酪，否则你的心不会回到原来宁静的状态。念头被引发，会努力达成这个欲望；一旦愿望实现了，你就又回到了原来宁静的状态。这是心灵的自然状态。但是，这样心灵的变化会扰乱了原来的“宁静”。

所有外在世界的不同，都是来自你心灵变化的结果。

举例来说，如果你自出生以后就没有见过父亲，在十岁的时候，他回来了，他敲你的门。打开门后，你看到的是一张陌生的脸孔。你跑去找妈妈：“妈妈，有一个陌生人在门口。”你妈妈看到长久失去联络的丈夫，非常快乐地迎接他，然后介绍说他是你的父亲，你说："哦，我的爸爸！"几分钟以前，他还是一个陌生人，现在变成你的爸爸了，是他改变成为你的爸爸吗？不是，他还是同一个人，只是你将一个陌生人变成了你的父亲，如此而已。

整个外在世界都是基于你的想法和心的态度，整个世界都是你自己的反映。你的价值观可能会在短短的一秒钟内改变，如：今天你可能连看都不想看那个曾经爱过的人。如果我们能记住这一点，就不会对外在的事物有这么多压力了。

这就是为什么瑜伽对于外在世界的变化不那么在意。有一段梵文这么说："看其心，观其人。束缚与解脱都在你的内心。"如果你觉得被束缚，你就被束缚；如果你觉得解脱，你就解脱。外在的事物既不会绑着你，也不会释放你，唯有你的心使然。

这就是为什么我会对监狱里的囚犯说："你们都觉得被关住了，渴望被释放，但是看看那些守卫，他们不也跟你们一样吗？他们也在监狱里，虽然晚上他们可以出去，但早上他们又回来了。他们爱来，你们爱出去，这围墙是一样的，对他们来说这不是监狱，对你们来说这是监狱，为什么呢？"

这围墙有什么改变吗？没有，你感觉它是个监狱，他们感觉这是一个工作和赚钱的地方，这是心理态度使然。如果你不把自己看成一个被关住的人，而认为这里是一个改正你自己错误的地方，它就会给你机会改变生活态度，重新整理、净化自己，你将会喜爱待在这个地方，直到净化了自己。

即使他们说："你的关押时间已届满，你可以走了。"你可能会说："先生，我还没有涤除罪恶，我需要再多待些时间。"事实上，有许多这样的罪犯，在离开监狱以后，还是继续过着如瑜伽修行人的生活，他们甚至感谢这样的牢狱生活，因为他们以正确的态度面对它。

所以，如果你能控制思想形式，将它改变成你所需要的，就不会被外在世界所束缚了。这个世界没有什么不对，全看你将它视为天堂还是地狱。所以，整个瑜伽是基于约束心灵的变化。如果你能控制你的心灵，就可以控制所有的事，那么这个世界就没有任何东西可以束缚你了。

३. तदा द्रष्टुः स्वरूपेऽवस्थानम् ।

TADĀ DRAṢṬUḤ SVARŪPE 'VASTHĀNAṂ.

【TADA：于是、那么；DRASTUH：看者（真实自我）；SVARUPE：纯洁的本性（无欲望、无自我、无感情附着、无牵挂）；AVASTHANAM：安住、回归】

---

3 于是，看者（真实自我）安住在自己纯洁的本性里。

如果能约束心灵的变化，看者（真实自我）将回归原来真实纯洁的本性。你就是那个真实的看者，你不是身体，也不是心灵，你是觉知者和看者，你将时常看到你的身与心在前面活动。你知道心可以创造思想，它能辨识，它有愿望。看者知道，但是不去介入它。

为了了解内在的平和，你的心必须是平静的；否则，真理会被扭曲。我想，如果以比喻、类推的方式来解释这些，可能比较容易了解。

你是那看者，想要看自己，怎么看呢？就以你的脸部来说，如果我问你是否看过自己的脸，你得说没有，因为要看的是你的脸部（眼睛在脸上），脸部本身是看者或实体自我，在镜子里所看到的只是影像、被看到的物体或对象。

如果镜子起了皱纹、弯曲、凹凸不平，你能看清楚自己的面貌吗？不能，它呈现的是有些可怕的样子——太大、太高或者是有些波浪。你会很担心吗？不会，因为你知道那是镜子的问题，你看到的只是一个扭曲的反射影像。只有当镜子是平滑、干净的，才能给你真实的反射影像。只有在那个时候，你才能看到脸的真实样子。

同样的方式，看者或真实的你，反射在心灵上的影像，就是你的镜子。但是，通常你看不到你的真实的一面，因为你的心被涂上了色彩。如果你的心灵肮脏，你说："我是肮脏的。"如果它被擦拭得发光，你会说："我好美啊！"亦即你所认为的你是你心灵的反射。如果心灵产生许多波纹，像不平静的湖水的表面，你将看到一个被扭曲的反射影像。

如果心灵之湖是浑浊的或被染色的，你看到的自己就是浑浊或是有色彩的。要看真实的反射影像，水必须清澈、宁静，不起一点涟漪。当心灵停止去创造思想或者当心灵完全不需要被修饰时，就如同静止的湖水一样，你就可以看到真实的自我了。

听到这种推论，你可能会回过头来问我："你的意思是否是说，看者误解了自己或是忘记了自己？"不是的，看者永远不会误解自己或是忘记自己，而是反射影像的水面被扭曲了，那么看者所显现的也是扭曲的。真实的你永远是一样的，但是，你表现出来的心是被扭曲或扰乱的。为了使心灵干净与纯洁，你要去感觉或表现你最初始、最真实的纯洁状态。

४. वृत्तिसारूप्यमितरत्र ।

VṚTTI SĀRŪPYAM ITARATRA.

【VRITTI:心灵变化、修饰、改变；SARUPYAM：假定形式；ITARATRA：其他时候】

4 在其他时候（真实自我离开纯洁本性时），将会随着心灵的变化而变化。

因为你已经对原有的本体混淆不清，故而将思想（心灵）与躯体（身体）分隔开来看。

我问你是谁，如果你不做任何表明，而只是说“我是男人”，你是以一个阳性身体来表明自己；如果你说“我是教授”，你是以你的职业来表明自己；如果你说“我是百万富翁”，你是以你的银行存款来表明自己；如果你说“我是高个子”、“我是矮个子”、“我是黄种人”、“我是白人”，你是以体形高矮及肤色来表明自己。

但是，如果不以这些特征来表明，那么你是谁呢？你可曾这样想过？当你想过后，你会知道我们都是一样的。如果你将自己与能表明身份之物完全分开来，你会了解你是一个纯洁的“我”，在那纯洁的“我”当中，你和我是没有区别的。这是真实的，不仅仅是人类，而是所有的事物。

你称一个东西是狗，是因为它有狗的形体，狗和人的灵性是一样的。对无生命之物也是一样的，一块石头或一面墙都是一样的。如果我用“灵性”或是“灵魂”等名词来说明这一切，你可能不相信；但是，如果一位唯物论者说墙什么都不是，而是能量，你却会相信。所以，我们以科学家的语言来谈，我们四周什么都没有，全是能量，就算是小小的原子，也是能量的一种形式。

同样的能量以不同的形式出现，我们也给予不同的称呼。所以，形式与名字只是能量的不同翻译而已。瑜伽科学家（像巴坦加里和一些现代科学家）认为能量背后的不同形式是一个不变的意识或灵性或灵魂（自我）。

这就是为什么如果我们能静下心来，达到约束心灵的所有基本原则，就可以发现所有事物都结合在一起——这才是真正的瑜伽生活。这并不是说我们不关心它的变化，而对这个世界毫无用处；相反的，有了与整个宇宙联结的经验，我们才可以起更好的作用，才会带来快乐和谐的生命。只有到达这个境界，我们才会爱邻居如爱自己一般，否则怎么可能呢？

如果我以我的身体来表明自己，那么我也会以身体来表明别人，两个身体不可能合而为一，它们永远是不一样的。如果我以我的心来认定我自己，没有人会和我有一样的心，没有两个个体会有同样的身和心。双胞胎也是这样，即使只有一个拇指这么小的不同，仍然是不一样的。去问问指纹专家，世上没有两个指纹是一样的。

但是，在所有不同的背后，在原始真实的自我里，我们从来就没有不一样。亦即在这曾经可能改变的幻象背后，是个永远不变的“一”。这个“一”会变化是因为我们的心灵起了变化。所以，你的心灵改变，就改变了一切。如果我们能了解这一点，就能了解外在没有什么对与不对，全部都是心的变化。

要改变我们的视觉，就要改变事物的外表。但如果我们能治好那有偏见的眼睛，就没有任何东西会带有色彩了。如果我们不从心去修正那个喜爱黄色的偏见，无论我们如何用力擦洗外表，我们都无法使眼睛看到白、蓝或绿色，眼光里会永远带有黄色的色彩。

这就是为什么瑜伽的基础在于自我修正改造、自我控制和自我调适。当自我修正改造完成后，你就会看见一个崭新且和睦又快乐的世界。这就是我们要脱离错误的自我认知的根本原因。

५. वृत्तयः पञ्चतय्यः क्लिष्टाक्लिष्टाः ।

VṚTTAYAḤ PAÑCATAYYAḤ KLIṢṬĀ AKLIṢṬĀH.

【VRITTAYAH：心灵的变化、修饰、改变；PANCHATAYYAH：五种；KLISHTA：痛苦的；AKLISHTAH：无痛苦的】

5 心灵的变化有五种，包含痛苦的、无痛苦的。

巴坦加里说心灵的变化有五种，又可区分为两类，一类会带给我们痛苦，一类是无痛苦的。他并没有将“思想”分为痛苦或不痛苦，为什么呢？因为即使是被称为快乐的思想，最后也可能带来痛苦或不痛苦，而且在最开始的时候我们难以知道一个特别的想法会不会带来痛苦。有些想法起初是痛苦的，最后却转变成平静而祥和；有些想法开始是快乐的，后来却转变为痛苦。

举例来说，对别人的痛苦给予同情，也会使我们不舒服，但当我们敞开心胸，更进一步地认识与了解后，就会进入祥和之境。如果我们将“痛苦”与“不痛苦”想法的这两个名词改为“自私”与“无我”，可能更容易了解。

“自私”的想法最后一定会带来痛苦。举例来说，爱一个东西或爱一个人是快乐的，但很多人都经验过，这个爱常常带给你许多的不快乐、痛苦、仇恨、嫉妒等等。为什么呢？因为这个爱不是纯洁无私的爱，是期望有回报的，含有自私成分的。这个期望可能是任何东西，如一点财物的支持，希望引人注意或获得肉体上的快乐等等。有期望的爱无法长久维持。爱虽然显现的是一个没有痛苦的想法，但如果出于自私念头，最后还是会以痛苦收场。

从另一方面来看，生气的念头，在开始的时候会带来痛苦；但是，对一个“无我”的人来说，其背后并无个人动机，虽然这个生气可能会造成某人的不愉快，最后却可能因为他（她）愿意改正错误，而引向一个更好的生活。举例来说，老师严格地教导孩子，想让孩子知道这是他的责任，且不论他的想法是什么，只要无私，就不会为他带来痛苦。其实这个结果既不痛苦，也无快乐，而是得到了祥和。认识到这个真理，我们应该分析我们的动机，种下“无我”思想的种子，这是我们首要的责任。

有些人说：“我以为瑜伽冥想应该将心放空，不要有任何想法。”但你无法立刻让心没有思想，很多人试过了，那简直不可能。一旦你能让心停止思想，你就达到目标了，但这不是那么容易的。很多人说：“我把心放空了。”他们怎么知道心放空了？他们觉得如此，思想是如此觉得的吗？你将别的想法都移除了，却留下了“我的心已放空”的想法，那不是真的无思想。这就是我们要用技巧去发展某些正面的思想、去除负面的想法的原因。

我们应该对心说：“好吧，如果你想创造一些思想模式，你去创造吧！如果你创造的思想让你痛苦，你自己要忍受；如果你是自私的，以后会有报应。我并不想害你，我是你的朋友，我重视你的幸福安宁。所以，请听我说，不要去创造一些会有回报的想法，忘记你的自私，让别人快乐，那么你将是世界上最快乐的人了。”

看着别人快乐，你不可能不快乐；但是让别人不快乐，你永远不可能快乐。所以，至少为了你的快乐，请将快乐带给别人吧。如果你真的很想自私一点，那么以能够让你维持心平气和的原则去自私吧，不要让这个自私伤害别人。同样的，你也能将和平带给别人。如果心说："我不能够无我，我一定要自私。"告诉它："好吧，到另一边去自私吧！"一定要拒绝让它打扰自己内心的平静。

在日常生活中，我们常与这两种想法打交道，现在我们知道自私的想法会带给我们混乱，而无我的想法则会带给我们平静。

我们要如何知道我们的想法是无我或自私的？我们得小心注意，当一个思想形式产生的那一刻，我们就变成了分析师，这是瑜伽的一种练习——注意我们的想法，并分析它。

६. प्रमाणविपर्ययविकल्पनिद्रास्मृतयः ।

PRAMĀṆA VIPARYAYA VIKALPA NIDRĀ SMṚTAYAḤ.

【PRAMANA：正确的知识；VIPARYAYA：错误的认知；VIKALPA：错觉想象；NIDRA：睡眠；SMRITAYAH：记忆】

6 造成心灵变化的五种原因：正确的知识、错误的认知、错觉想象、睡眠、记忆。

在此，巴坦加里将造成心灵变化的原因分为五种类别，然后逐一解释。

·我的感悟·

७. प्रत्यक्षानुमानागमाः प्रमाणानि ।

PRATYAKṢĀNUMĀNĀGAMĀḤ PRAMĀNĀNI.

【PRATYAKSHA：直接的知觉；ANUMANA：推论；AGAMA：经典真理；PRAMANANI：正确知识的来源】

---

7 正确知识的来源——直接的知觉、推论和经典真理的佐证。

巴坦加里所称的“正确知识”，有的是你自己看见而知道的——直接的知觉，也就是亲身的体验。如果你亲眼看见，你不会存疑，这是得到正确知识的一个方法。

另外一种方法是推论，看到烟，你会想到火，因为没有火不会有烟；当你看到牛乳，你推论牛会产生乳，虽然你并没有看见牛乳产生的全部过程，但你可以推论。

还有一种来源——经典真理的佐证。你自己并没有看见任何东西，无法对任何事物做出推论，但有一个可靠的根据或对此事完全了解的权威人士告诉你——这里通常指的是圣书、经典。我们能够完全相信经典、真理，是因为它们出自哲人、圣人、先知和权威人士。他们见过真理而开示出来，所以我们相信他们。我们依据这些经典的真理，并于生活中实践，是不会错的。但是，你不能因为我说了什么就去做，要有所依据，依据真理。

即使如此，我们还得知道基本真理和实际表现出来的差异。因为真理只能通过一些形式或工具实现。我们要记得，真理永远是一样的，但是通过文字、形式和做法所表现出来的载体，可能会为适应个人或时代趋势而有所不同。就像典礼仪式可以修改，言辞可以修改，但真理是永远不会改变的。这就是为什么不论经典是什么，无论它来自东、南、西、北，无论时空如何变迁，基本的真理都是被认同的。

就像一个人本身是不变的，只为场合的不同而改变服装。当他去滑雪时，他不会穿着工作服；当他上班时，他不会穿着滑雪鞋；参加华丽婚宴时，这两种服装都不适用；如果他去海边，这三种服装也都不适宜，但穿着这些服装的人还是一样的。同样的，所有经典的真理是不变的，但表达的方式就很广泛了。

由以上三种方法，我们可以得到正确的知识。当然正确与不正确，最后都得将它放在一边，去追寻你的宁静。在我们将所有想法、念头推出脑海之际，我们得先分析它，再将它们一个个释放出去。我们没有办法将所有的东西扔进一个垃圾桶里——我曾经试着做过一次，瑜伽村里的同事叫我别这么做，他们说："老师啊，你得将蔬菜分为一类，纸张分为一类，瓶子再分为一类。"

"为什么？"

"纸张可当柴火，蔬菜可以变成花园里的肥料。"

所以，即使是想丢垃圾，也不能通通往一个垃圾桶里丢，你必须将它们分类，这样以后比较容易处理。

对待心也是同样的方法，你想把所有的想法往垃圾桶里丢，毋须怀疑，不论是好的、坏的、对的或错的，全部放掉，这样心灵就可以不需要去修饰了。但是，如果我们在丢弃之前，将这些想法分类，会容易得多，为什么？因为我们还是有一些执着，我们没有办法这么容易将东西丢弃。

举例来说，当你的衣橱太满的时候，你会说："我要把一些衣服送人。"当你拿到门口时，心里会说："我想我应该把这一件留下来。"你瞧，一开始时是："我要丢弃所有的东西，我不要这些东西。"接着你的朋友来拿走这些东西时，你可能会说："等一下，这一件留给我吧，我还可以再穿一年，留下吧！"

所以，在心灵上我们得使用同样的态度。当你心灵的衣柜满了，你想丢一些东西，但是你并不想把所有的东西都丢弃，所以，你就分析："这个是痛苦的，这个是不需要的，这些东西看起来还好，让它们留下来吧！"为了满足心灵，我们试着去分析我们的思想到底有多少种。"噢，它不会把我清空的，至少它会还些东西回来。"心都有这些特别的习惯。

我仍记得当我还是一个小男孩时，妈妈常喂我吃东西，我总是找麻烦地说："不要，我不要全部都吃完。""太多了吗，儿子？好吧，那我就不全部给你了。"她把米饭压成一个圆扁形，然后从中间画一条横线，然后说：“你看，我拿掉一半了，你只要吃另一半就好。”于是，另一半被推向一边，她开始喂我，我感到很满足。但是，当我吃的时候，妈妈开始说好听的故事，没多久，另一半也不见了。如果在全盘吃完之前，我有任何机会看一看盘子，我会说：“妈妈，你喂得太多了，我不要。”她会说：“好吧，儿子，我把这一半拿走。”她说她会拿走一半，不是吗？她老是把剩下来的一半拿走。这就是喂小孩的妙计。

同样的妙计可以用来清空脑部的思想，告诉心：“好吧，你保有那么多的想法，把剩下的带走。”过一会儿说：“这个好像也不需要，我们把这个也拿走吧！”你把它们一点一点地拿走。这就是巴坦加里这么小心地把思想形式分成各种不同的类别的真实原因。

८. विपर्ययो मिथ्याज्ञानमतद्रूपप्रतिष्ठम् ।

VIPARYAYO MITHYĀJÑĀNAM ATADRŪPA PRATIṢṬHAṀ.

【VIPARYAYAH：错误的认知；MITHYAJNANAM：错误的知识；ATADRUPA：未成形式；PRATISHTHAM：基于】

---

8 错误认知的发生是因某些事物的知识没有建立在真实的形象上。

在清晨或黄昏天色微明的时刻，你看到一条盘起的绳子，误以为是一条蛇，你害怕了。其实，那并不真的是一条蛇，那是一个错误的认知，但依然让你内心产生了恐惧。并非只有令人信服的知识才能创造思想之波，错误的认知也一样会。

·我的感悟·

९. शब्दज्ञानानुपाती वस्तुशून्यो विकल्पः ।

ŚABDAJÑĀNĀNUPĀTĪ VASTU ŚŪNYO VIKALPAḤ.

【SABDAJNANA：知识；ANUPATI：升起；VASTU：真实的；SUNYO：没有任何东西；VIKALPAH：错觉、想象】

---

9 仅仅听到言辞或看到某种现象而产生错觉，并没有任何真实的基础，称为错觉想象。

你听到一些事情，但是真实情况并非如此。在错误的认知里，至少还有一条绳子被误认为是一条蛇。但是在错觉想象里，什么东西都没有，你却依然会创造一些印象。

例如，我说："约翰把车开往车库，半路上，四个轮胎都破了。所以，他必须把轮胎卸下，送去修车厂修补。开车回家时，又因为开得太快而撞车了。"你会问："那是不是一场很可怕的车祸？"你只听到我所说的，根本还没花时间去想呢。

如果你想过，可能会说："他四个轮胎都拿去修了，不可能开车回去啊！"事情并没有发生，你却当真了。还有几个例子，如"他的母亲不能生育"、"我是一个哑巴，不能跟你说话"，这些都是词汇上的欺瞒，但它仍然会在你心中产生一些印象。

१०. अभावप्रत्ययालम्बना वृत्तिर्निद्रा ।

ABHĀVA PRATYAYĀLAṂBANĀ VṚTTIR NIDRĀ.

【ABHAVA：空白、无知觉的状态；PRATYAYA：所认识之事物；ALAMBANA：支持；VRITTIR：心灵之改变；NIDRA：睡眠】

---

10 心灵的变化因睡眠而处于无知觉状态。

这是第四种心灵的变化。在睡眠时，虽然处于无知觉状态，但潜意识还是清醒的，心灵依然会受影响而变化。

一般认为，在睡眠中，我们的心灵不会有任何的思想；但实际上，当我们想到“没有思想”就是有想法了。这就是为什么我们醒来时会说：“我睡得很好，什么都不知道。”你什么都不知道，但是你知道你什么都不知道。

别以为睡眠中无思想。如果没有思想，那么你是完全无意识的，甚至不会觉得睡过觉。此时，所有其他的思想都会被暂时搁置，除了“心中空无一物”的这个想法在醒来的时候会留下印象。

११. अनुभूतविषयासंप्रमोषः स्मृतिः ।

ANUBHŪTA VIṢAYĀSAṀPRAMOṢAḤ SMṚTIḤ.

【ANUBHUTA：有经验的；VISHAYA：物体、事物；ASAMPRAMOSHAH：没有被遗忘；SMRITIH：记忆】

11 当心灵因事物而改变时，过去的经验及未被遗忘之事又回到意识里，这就是记忆。

记忆在心里产生印象，然后浮出表面，有时是我们想要它出现，有时却不是。记忆会以两种方式出现：做梦是我们在睡眠中浮出表面的记忆；白日梦是白天升起的记忆。这两种都是印象，当它形成的时候，会慢慢沉入心底，因为某些原因再被唤醒，而慢慢地浮出表面。

以上就是五种心灵的变化，或是思想的形式，我们必须加以控制，让心灵避开变化，让内在的和平之光亮起来。知道这些后，我们的下一个问题是：“我们要如何掌控心灵的改变？”虽然可以很容易地说：“就是控制心灵啊！”但在现实环境里，却是心灵控制着我们。

१२. अभ्यासवैराग्याभ्यां तन्निरोधः।

ABHYĀSA VAIRĀGYĀBHYĀṀ TANNIRODHAḤ.

【ABHYASA：不断练习；VAIRAGYABHYAM：借由不执着、无牵挂、无感情附着；TAT：那些；NIRODHAH：约束、控制、抑制】

---

12 借由不断地练习、不执着，可以约束心灵的变化。

从正面来看，你在练习“约束心灵”；但从另一方面来看，你将自己由心灵变化中分离开来。

巴坦加里对思想的控制，以正面和负面两种方式进行，将在接下来的章节里阐述说明。

·我的感悟·

१३. तत्र स्थितौ यत्नोऽभ्यासः।

TATRA STHITAU YATNO'BHYĀSAḤ.

【TATRA：这些；STHITAU：稳定、不变；YATNAH：努力、尽力；ABHYASAH：练习】

---

13 在不断练习与不执着下，努力使心灵稳定、不变的过程，谓之练习。

在这里，巴坦加里的意思是不断地练习，不是只练一两天。你得一直不停地练习，而非一天练习几分钟，然后在其他的时候，允许心灵有自己自由的时间。

他的意思是你要永远注意它，细察每一个想法、每一个字和每一个行动。怎么做呢？巴坦加里提出三种条件。

·我的感悟·

१४. स तु दीर्घकालनैरन्तर्यसत्कारासेवितो दृढभूमिः ।

SA TU DĪRGHA KĀLA NAIRANTARYA SATKĀRĀSEVITO DṚḌHABHŪMIḤ.

【SAH：那个；TU：和；DIRGHA：长的；KALA：时间；NAIRANTARYA：没有间断；SATKARA：认真、努力、诚挚的；ASEVITAH：好好地照顾；DRIDHABUMIH：坚固、稳固】

---

14 当你练习很长的一段时间，没有间断，尽一切努力热枕，这个练习将稳固不移。

第一个练习的条件，就是你得练习很长的一段时间。很不幸的，我们都是希望马上就见到成果。如果我要求你重复诵经，并告诉你常常诵经将使你变得比较祥和，更能体会内在之美，你会回家练习三天后，打电话给我："我已经练习三天了，但是什么都没有发生，也许这个经文并不适合我，可不可以帮我换一个？"你瞧，对吧？所以，巴坦加里说："要练很长的一段时间。"但他并没有说要多长。

第二个练习的条件是中途不能间断。我常听说："我已经练瑜伽十年了，但还是一样。""多长时间练习一次？""噢，断断续续。"所以啦，你一定得不断练习。

最后一个条件：一定要认真、热枕地练习。意思是要专心，要不断地努力，对结果一定要有信心。追逐世俗的人、事、物时，你会夜以继日，你不睡，也不吃，如果这种世俗的成就都必须这样，要练习出成功的瑜伽又须多付出多少呢？

所以，不要揠苗助长，今天播了一个种，明天就拔出来，急着去看根长了多少！

练习瑜伽，我们必须具备三种特质：耐心、热心与信心。

这让我想起了一个印度圣典里的小故事：

在代瓦路卡，或者说神住的地方，有一位圣人纳拉达，就像我们这里有伟大的瑜伽修行者，在诸神之间也是有的。

纳拉达到处旅行，有时会到人间看看我们做得如何了。有一天，他经过一片森林，看到一位瑜伽修行者已经打坐了很久很久，蚂蚁已经在他身体四周筑了一座蚁丘。

瑜伽修行者看到纳拉达，说："先生，你要往哪儿去啊？"

"到天上去，到湿婆神住的地方。"

"噢，到那儿以后你可不可以帮我做件事？"

"当然可以，我能做什么？"

"你可不可以帮我问问湿婆神，我还要坐几生几世？我已经在这里坐了很久很久了，请你帮我问一下。"

"好的。"

纳拉达又走了好几里路，看到另外一个人，这个人高兴得又唱又跳，当他看到纳拉达时，他说："嗨，纳拉达，你要往哪儿去啊？"

"到天上去，到湿婆神住的地方。"

"噢，那太好了，你可不可以问一下，我还得又唱又跳多久？"

"当然，我会的。"

多年后，纳拉达碰巧又走了同样的路线，他看到了第一个人，这位瑜伽修行者认出了纳拉达，"纳拉达，你还没有回答我呢，你有没有回到天上啊？神怎么回答的？"

"我问过了，神说你还得再待四世。"

"还要……再……四世？难道我等得还不够久吗？"

他开始大叫和悲伤地恸哭。

纳拉达向前走，看到了第二个人，还在那儿又唱又跳。"嗨，纳拉达，怎么样？有没有我的消息？"

"有的。"

"那么，告诉我。"

"你看看那边的那棵树。"

"看到了。"

"你能不能数一数上面有多少叶子？"

"当然可以，我有这个耐心，你要我现在就数吗？"

"不，不，不，你可以慢慢地数。"

"但是这跟我问的问题有什么关系呢？"

"嗯，湿婆神说了，你还得待跟树上叶子一样多的世代。"

“喔，就这么多啊！至少这些世代是可数的，现在我知道什么时候会结束了，那很好，我可以很快就结束了。谢谢神，他没有说我得修完和整个树林的所有树叶一样多的世代。”

就在这个时候，一辆美丽的车从天而降，驾车的人对第二个人说：“来吧，请上车来，湿婆神要我来接你的。”

“我现在就去天堂？”

“是的。”

“但是纳拉达刚刚才说，我还得等好多世呢。”

“是啊，但是你好像已经准备好了，而且乐意去做它。所以，何必等呢？进来吧！”

“那么，另外一个人呢？”

“他没有准备好，还得再等几世，就让他继续等，让他多练习练习吧！”

这不仅仅是个故事，你很容易了解到它背后的道理。如果你很有耐心，心又坚定，你所做的也会比较完美；如果你的心不坚定，急着得到结果，你的心已经被扰乱了，被扰乱的心所做出来的事是没有品质的。所以，不仅仅是你练了有多久，而是练习时是否有耐心、是否有热忱、是否有品质。

१५. दृष्टानुश्रविकविषयवितृष्णस्य वशीकारसंज्ञा वैराग्यम् ।

DṚṢṬĀNUŚRAVIKA VIṢAYA VITṚṢṆASYA VAŚĪKĀRA SAṀJÑĀ VAIRĀGYAṀ.

【DRSHTA：已看见；ANUSRAVIKA：已听见；VISHAYA：物体、物件；VITRSNASYA：那个已经脱离欲望的人；VASIKARA：掌控，控制；SAMJNA：意识；VAIRAGYAM：不执着、无感情附着、无牵挂】

15 **能自我掌控意识，对看到或听到之物不产生欲望，就是不执着。**

通常，心会对看到或听到的事物产生牵挂、执着、喜好，主要是因为通过眼睛和耳朵，心跑出去寻找东西来满足自己的欲望。在心看到或听到什么事物而被吸引之前，你要先区分这个事物对你是有益还是无益。心不能就这样随意抓它想要的东西。"不执着"不应误解为漠不关心，Vairagya字意是"无色的"，Vai是"没有、无、不"，Raga是"色彩"。

所有的欲望都带有颜色，你将心着上色彩的那一刹那，一个涟漪就形成了，就像把一块石头扔进平静的水里，它会产生水波。当心被一个接着一个的欲望投掷时，心是无法得到休息与和平的，以一个得不到休息的心去练习瑜伽，是没有办法稳住的。

当你想不断地去做一件事情，就不应该被其他的欲望分了心。这就是为什么练习时永远都得不执着、无所牵挂。

任何练习如果不能"无所牵挂、不执着"，是很难完成的。这就是为什么常常听人说："啊，我练习冥想静坐很多年了，我每天祈祷，早晚都做。"是的，他们是这么做的，我们必须接受这个事实，因为我们看着他们每天坐在那儿冥想，或是上教堂、入庙宇。有的时候，他们坐在神龛前，一坐就是好几个钟头。有些人每日念一遍圣经，有些人每天重复念诵《薄伽梵歌》(Bhagavad Gita)，他们甚至不念完就不吃东西。当他们起身的那一瞬间，他们又立刻走到神龛前，再把经文从头念一遍，连一杯水都没有喝。但是，他们依然停留在同一个阶段，原因就是他们的心仍然会因为一些不同的欲望而离开、跑掉。

有多少人站在神龛前，心里却想着自己的事业，或是眼睛四处观望，看看有几位朋友来了？庙宇和教堂常常变成了社交中心。他们已经失去原本来此的目的，因为人们的心都比较容易被世俗的事而非祈祷文所吸引。嘴巴也许像留声机一般，很机械地念着祈祷文，但心早已跑向他处。所以，你无法抓住心，让它静下来，除非它能不受欲望的困扰。当我们的心没有牵挂时，才能冥想静坐。

事实上，你根本就不需要去练习冥想，只要你的心能够脱离自私的欲望，你会发觉你总是轻松自在，永远不会好动、不安静，也永远不会沮丧。所以，我们需要练习，也不要让心有所执着。在这二者之间，不让心有执着比较重要。

有人会立刻问道:“如果心没有执着，那你不是失去了所有的动力而变成迟钝的人了吗？”不是的，当我们说没有执着，意思是没有个人的欲望。如果你真的想要贪心，那么就贪心地去服务别人，试着帮助别人减轻痛苦。

一旦你不再执着、不再有牵挂的时候，你就能服务他人了。这样一来，你会越来越快乐。这就是为什么有的时候我说无我的人是最自私的人。为什么呢？因为一个无我的人是不愿意失去和平与快乐的。

即使与神在一起的时候，也不要有个人的欲望与执着。很多人在接近神的时候说："神啊，给我这个，给我那个，让我这次竞选胜利吧。"或者说："如果您让我通过了这次考试，我会为您点十支蜡烛或烧十炷香。"我们在试着跟神做生意，这只显示了我们的无知，那些蜡烛或香是神赐给我们的，为什么我们要将蜡烛或香还给他？还说得好像是我们自己创造的一样。欲望的心迷惑了我们，使我们变得无知。有欲望者的分辨能力已完全消失了。他或她的兴趣只是要完成某些事，如此而已。所以，有欲望的人还不懂得等待与思考。

《吠陀经》里说："欲望的解脱也是一种束缚。"莫克纱贝克秀·班达哈(Mokshabheksho Bandhaha)说："你希望能得到解脱，这正好束缚了自己。每个愿望都会束缚你，使你无法停息。想要解脱，就得完全地止欲。"

有没有可能做到没有欲望？事实上，这是不可能的。只要心在，它的任务就是产生涟漪、欲望。这好像是矛盾的，但奥妙之处是任何没有个人与自私动机的欲望是不会束缚你的。为什么？因为纯洁无私的欲望是没有任何期待的。所以，不论结果如何，它也不会失望。虽然它没有任何期待，但它自有酬报。

当你让他人快乐时，看到那快乐的脸庞，自己也快乐了。如果你真正有过这种快乐，只是为了给予而给予东西的快乐，你会贪心地一次又一次等待得到快乐的机会。

很多人认为放弃所有的东西，变成无我、无欲，就无欢喜可言。不，不是的，正好相反，你变成了最快乐的人。服务得越多，你得到的快乐就越多，这种人懂得生命的奥妙——丢掉所有东西会有喜悦，给予所有东西会有喜悦。拥有东西，并不会得到永久的快乐，拥有的东西越多，你就会变得越不快乐。

我们没有看到过百万富翁吗？社会地位高的人、议长、总统，他们快乐吗？不，职位越高，麻烦事就越多。只有圣人、放弃要求的人是永远快乐的，因为圣人已经没有东西可失去了——因为你什么都没有，你永远只有自己，这就是秘密。所以说："要放弃世俗的东西，要不动感情，不要有牵挂执着。"只要放弃了世俗的东西，你就拥有了最重要的神圣财产：平静。

从另外一方面来看，不执着的好处是可以把工作做得完美。如同下面这个例子。

有一天，我收到一个学生寄来的信，他也开了一家“莲花学院瑜伽中心”，一位瑜伽老师拜访他的瑜伽中心，问道：“你的学生没有向你要求更多的东西吗？在我们班上，如果每一堂课我不教些新的东西，他们会说：‘什么？我们付钱给你，这个昨天就学过了，你今天还是教我们同样的东西，我们为什么还要多付钱？除非你教我们一些新东西，否则我们不会再付钱给你的。’所以，我小心地安排我的课程，每天都加一些新东西，这样我就可以多收一点钱了。但是，在你这里，我看到你一直教同样的东西，而学生却不断增加，也没有失望的样子。”

于是，我的学生说：“我们不是卖瑜伽的，我们只是为快乐而教学，学生想奉献多少，就奉献多少，在这里我们不谈生意，只用心去工作。也许在你的情况里，因为你期望得到钱，所以你想要每一次都教一些新东西，以赚更多的钱，吸引更多的学生。”

事实的确如此，在我们另外一个哈达瑜伽教室里，也发生了同样的事。多年以来，课程都大同小异，学生们每次来，也都奉献一些，从来不会感到厌倦。尽管他们可以在家练习同样的东西，但他们仍然来上课，因为在这里他们不会感觉到商业的磁场，而能感觉到瑜伽的磁场，这是他们不愿意失去的。

在我的演讲中，不会引用许多经文，或老是讲些新东西。如果我将过去演讲的录音带倒转，会是一次又一次同样的理念。

也许人们会说："大师从来都没说些新东西，同样的大师，同样的内容，为什么他们还是一遍又一遍地聆听呢？"我很高兴，他们到那儿都很快乐。所以，他们让我快乐，我也让他们快乐。我们只是共度一点点快乐的时光，如此而已。我们只是借瑜伽之名，谈些事情或做些事情。

对，这就是奥秘之处，在一起有快乐，如此而已。这就是脱俗的生活，从不期待什么，我们只是聚在一起，他们不会觉得损失了一些金钱，而我也不觉得我赚了他们的钱。我们就像一家人。我们共同分享我们的金钱、能量和理念。我们这一生还要什么呢？这就是瑜伽。

所以，当我们的心不再束缚于个人的欲望，我们的工作就会做得好，而且感觉快乐，我们的生命就会变得有意义。

如果我们的心不再自私，且都愿意牺牲，那么这个世界就变成天堂了，一个和平、极乐的住所，此生所有的东西都愿给予，牺牲乃生命之戒律。这就是为什么我们景仰、敬爱那些为人类付出生命的人。

为什么我们朝拜耶稣和十字架？因为十字架的意义就是牺牲，耶稣牺牲了他自己，我们朝拜他的品德；我们并不是感恩这块木头，而是它所代表的牺牲意义。耶稣为人类牺牲生命，就是这个牺牲才让所有的先知、哲人、圣人都敬拜他如超凡的人或是神。

不只是圣人，而是自然界所有之物——树、鸟等等，它们都是为他人而活。为什么燃烧的蜡烛会融化掉？为了给予光亮。为什么一炷香会烧成灰？为了给予香气。树为什么成长？为了给予绿叶、花卉和果实。

在这个世界上，是否有任何有觉知或无觉知的东西是为自己而活？没有！如果整个大自然都能牺牲，为什么唯独我们人类要过自私的生活？我们就是要给予，给予，给予。该给我们的东西，不需要担心，它自然会来的。

当然，在这儿，我们也会想知道："如果我过着牺牲的生活，我吃什么？我穿什么？我如何能拥有一栋自己的房子呢？"你可以拥有这所有的东西来装备你自己，好为别人服务。你一定要有一张床来休息，这样，第二天早上你又能精神奕奕地为别人服务了；你得吃，这样你才有能量替别人服务。所以，你做每一件事都是为了准备替别人服务。就是冥想静坐的练习，也不只是为自己的和平而坐，而是有了和平的心，你就可以在社会上好好地服务人群了。有了这个念头，你才能冥想静坐、禅定行修。这样一来，你的瑜伽冥想练习，也会变成一种无私的行为。这就是我们所说："即使是神，也不会有所牵挂执着。"这个"不执着、无牵挂"，就能全然改变你的生命，让你成为快乐的生命。

१६. तत् परं पुरुषख्यातेर्गुणवैतृष्ण्यम् ।

TAT PARAṀ PURUṢA KHYĀTER GUṆAVAITṚṢṆYAṀ.

【TAT：那个；PARAM：至高无上的；PURUSHA：真实的自我；KHYATER；由于了解；GUNA：自然的要素、本性的品质、特质；VAITRISHNYAM：不渴求、无欲无求】

16 **了解了真实自我，而能对任何事都无欲无求，即使对内在的本性特质亦无所渴求，这就是不执着的最高境界。**

在这一段经文里，巴坦加里继续介绍不执着（Vairagya）的更高层面。

心从个人的欲望和享受中脱离出来，只是普通的不执着。心可能想要些东西，但是为了控制它，你会说“不可以”，它就不要了。但是在更高的“不执着”的层面里，你连这种念头都不要有。换句话说，只要一般的“不执着”，就可以完全脱离引诱你的事物。但是，那些已深植在心中的印象该怎么办呢？已经拥有东西的记忆仍然在那儿。

举个例子来说，一个小偷在偷窃多年后，决定不再偷窃了。但是，偷了很多东西和享有它们的记忆，仍然留在小偷的心田里。瑜伽对记忆的词汇叫作“印象”或三思卡拉斯（Samskaras)。偶尔印象会浮现：“啊，如果我偷了这辆车，那该有多好啊，我很喜欢它，但是这些人告诉我，不要去依恋它，我接受了，不再依恋它了。”或是：“我记得曾经多么喜欢抽烟喝酒，接触瑜伽后，我已不再喜欢它们了。”很多人有时仍然是喜欢的，就是因为“印象”仍然在那儿。

你无法在内心接受后，又把记忆抹去。但是在某一刻还是能将它们抹掉，什么时候呢？当你已经成功地走进内心，了解你自己的平静与喜悦。但当你了解自己是真实自我（Purusha）的那一刻，将发现这种和平与喜悦，只是你所经验的短暂享受、变成灿烂阳光前的一点普通光芒。你对它们永远不再感兴趣了。这是最高境界的不执着。

在那之前，你是介于二者之间的。你还没有尝到极乐，但是你体验过一些心灵上的平静。这种平和只是你平静内心的倒影。我们应该清楚地了解这一点。

再以镜子来比喻，有一道亮光反射到镜子上，如果镜子表面弯曲了或是有颜色，那么倒影就被扭曲或着色了。这个扭曲或有颜色的倒影，就像你自外在事物上获得扭曲的快乐一般。把你自己与这些事物分离，你可以使心灵的镜子平稳，而看到一个真实平静的你之影像。但是，这个影像仍然不是真实的，不是原来的你或真实、喜悦的你。一旦心灵纯净和稳定后，你会体验到一种稳定的喜悦。这是第一次分离的结果或是基本的“不执着”。

虽然那只是个倒影，但它几乎和真实的你一模一样。一旦能有稳定的影像，真实的经验就会自然产生，你不需要多做些什么来得到这真实的经验。此时，心自然不会往外走，所有一切都会停留在原来的祥和与愉悦当中，我们称此体验为神性的或神本身。

如果能体验一次最高境界的不执着，或是一秒钟，你就会体验那快乐了。这就是为什么我们每天试着静坐冥想。只要能获得这景象，我们就不会试试这里、那里，不断尝试别的东西了。

如果你在一家餐厅发现一道好吃的菜，你就不会到别的餐厅去吃这道菜了，是吧？你甚至还可能走上一大段路，只是为了吃到这道喜欢的菜。同样的，当我们放下所有事物时会说："这些事物怎么跟那些境界相比呢？"你不会希望失去任何坐下来享受宁静的机会。如果如此慢慢地往下扎根，你会允许双手和心去工作，而你永远会是平静的。

印度有一句谚语："神（Ram）在心里，工作在手里。"说得更清楚一些是："将心放在神的身上，将头伸向这个世界。"如果你知道如何将心放在神身上，你可经常在那儿休息，而依然悠游于这个世界。对你来说，这世界将不再是个地狱，而是个美丽的游戏场所。没有任何事情可以束缚你，你可以随心所欲，成为玩的专家。如果你不会玩，有时是种损失。

我仍然记得第一次玩板球的时候，我正环视四周，有人把球掷到我身上，我气得把板球拍扔到地上，离开了。从此，板球变成了一个可怕的游戏，因为我打得不好。然而，有更多的人因为懂得如何玩而喜欢玩它呢！

很多人从早到晚泡在水里，然而也有些人非常怕水。同样的，如果我们知道如何享受这个世界，我们就永远不需要怕它了。我们可以真正地享受这个世界，而将所有的愉悦传给我们的感官。但是，何时才能达到这样的境界呢？只有当我们发现其来源，并与我们一部分的心联系在一起时，这时候就可以享受所有的事了。否则，我们将会迷失。

所以，“享受这世界”并非要立刻去实行。要先学会高等境界的不执着，才能享受这世界。这是生命成功的秘密。一个人能如此练习，在他的生命中就不会有失败。每个人都应如此练习，这是我们的人生目标及生来就有的权利。

· 我的感悟 ·

१७. वितर्कविचारानन्दास्मितानुगमात् संप्रज्ञातः ।

VITARKA VICĀRĀNANDĀSMITĀNUGAMĀT SAṀPRAJÑĀTAḤ.

【VITARKA：可推论、推理；VICHARA：内省的、深思的；ANANDA：喜悦、快乐；ASMITA：纯洁的自我；ANUGAMAT：伴随而来的形式；SAMPRAJNATAH：显著的（善普拉尼亚塔）】

---

17 善普拉尼亚塔三摩地可由推论、内省、喜悦及纯洁的自我伴随而生。

在这之前的经文里，巴坦加里告诉我们瑜伽的理论。现在他谈到瑜伽的最后境界——三摩地，亦即沉思冥想和它的变化。

巴坦加里在这一方面是完全有科学依据的。他将瑜伽视为严肃的知识学问，并毫不犹豫地说明练习瑜伽的各种方法和介绍各个支派。科学家有这个责任去了解和解释他所发现的每一层面，就像一个化学家给予药品的配方，他得解释如何正确地使用，以及如果不正确使用会产生什么后果。

如果你认为你已经可以开始练习三摩地，你应该知道练习三摩地一定得先练好专注及冥想静坐，才可能达到这种境界。心灵必须专注在一点上，而且必须完全被控制住，因为整个心灵都必须完全用来练习三摩地。

这一节以及后面的瑜伽经里，巴坦加里谈到两种三摩地境界：显著的（善普拉尼亚塔，Samprajnatah）和不显著的（阿善普拉尼亚塔，Asamprajnatah)。巴坦加里又将显著的沉思冥想分为四种形式。想了解它们，我们必须认识他所说的本性（Prakriti，普拉克里惕）。

依巴坦加里的说法，本性也分为四部分：整体有实体的物质、精微的元素，最终可见的具体形式，精微的心灵特质，自我（Ego）或个体。

所以，练习三摩地首先要专注在整体或实体的事物上，再专注于精致细微的要素上，然后专注在心上，除了喜悦外，不要有任何事物牵挂。换句话说，就是专注在平静、喜悦的心上（Sa-ananda Samadhi，沙－阿南达三摩地），最后专注在“我”上，感觉独自一人（Sa-asmita Samadhi，沙－阿希米达三摩地或纯洁自我三摩地）。

这是有次第区分的，因为你无法立即非常精微地沉思下来。首先你得训练你的心，专注在一个实体的东西上。当你的心专注在一个实体的东西时，叫作沙维塔卡(Savitarka)三摩地。请记得，在这个阶段，心灵已经是有效控制住了。当你纯洁的心沉思冥想在一个事物上的时候，它会走到这个事物的极深处，去认识它的每一个小分子微粒。一颗专注的心可以得到能量，当这颗有能量的心专注在一个事物上时，这个事物的所有知识就能启发显现出来。

知道了这一点，我们能够清楚地看出科学家找寻并发现原子的能量，科学家练习的是“沙维塔卡三摩地”。他们是现实的，并期望知道结果；他们将心灵完全专注在其上，即使是事物的极小分子也会显现出来。在得到此学问时，我们从原子中获得了能量动力，这就是沙维塔卡三摩地。

这种沉思冥想的好处是了解内在的秘密及你沉思冥想的事物上的能量。你要如何运用这个能量？由看见原子能量如何被用来制造毁灭性的炸弹，而不是缓和的镇定剂，你很容易发现那是有危险性的。在得到所有额外能量时，都是有危险的。如果没有适宜的道德基础，练习三摩地的结果也是危险的，作为一个科学家，巴坦加里必须将它解释清楚。

下一个形式，你要在精微的要素上沉思冥想，指的是看不见实体的，即沉思冥想在一些抽象的东西上，像白色、红色、爱、美丽。因为它们是抽象的，一个普通的人如果没有一个实体的事物，是没有办法了解什么是红色或爱的。但是如果你能沉思冥想，并清楚地了解什么是实体的事物，那即使没有实体事物为依据，你的心依然能够了解抽象事物。于是，你超越了时间与空间，这种三摩地叫作内省（Savichara，沙维恰拉）的三摩地。

接下来，我们进入的仍然是精微、不可捉摸的境界，在那里连辨别力与省思都不见了。在那儿你得到一种喜悦，叫作沙－阿南达（Sa-ananda）三摩地，即喜悦的三摩地。那儿只有快乐，毋须推论或省思。

第四种三摩地，阿南达（Ananda）也没有了，只有对自我个体的认知。你沉思冥想在“我”，你就在那儿，其他什么都不知道，这个叫作有自我的沙－阿希米达（Sa-asmita）三摩地。那是不可能看出它会是什么样子的，但至少我们要了解它的理论。

在沙－阿希米达三摩地的境界里，心之印象（Samskaras）仍然以种子的形式存在心里。即使你只知道“我”，记忆依然埋在心底深处。

“显著的沉思冥想”是一个往内心走的过程——不是开发，而是深入。开始的时候，这个世界或是本性是未显现的。当它开始显现的时候，首先自我就跑出来了，然后是个体，然后是心灵开始，然后由心灵开始，你进入精致微妙的部分，然后就是整体的成分，这是自然的进化、发展。

瑜伽的冥想让我们经验了向内深入，它也可以被称为创造与毁灭。但是，事实上你的内在并没有创造任何东西，也没有毁灭任何东西。

《薄伽梵歌》里是这么说的：“未清楚显现的如同显现一般，然后又变得不清楚了。”我们所看到的外在东西是清楚的，是介于二者之间的，这就是我们所说的创造。根据瑜伽，这就是为什么我们不说神创造了所有的东西。瑜伽说神只是纯意识，本性也在那儿，是它的本性在扩展和消失。

本性未显露的时候，含有实质（Matter）和力量，它们是不可分的，就像火与热不可分开，没有火就不会有热。当本性处在未显露的状况之下，力量是蛰伏或静止的。举例来说，当发电机未转动时，电力无法产生；一旦马达开始转动，电力于是产生。

这个力量或者这种气，叫作本性特质（Guna，古纳），是由三种要素组成：沙特瓦（Sattva）、拉加斯（Rajas）和塔马斯（Tamas）——即安宁（悦性）、活跃（变性）和迟钝（惰性）。

当这三种特质处在平衡状态时，它们不会影响实质。一旦在本性特质（古纳）里有一点不安时，在实质里就会产生一些动作，会出现各种形式。整个宇宙因而出现：天空、地球、火及各种创造出来的要素。所以，未显现的会自己慢慢地演进，最后看到了坚固的实体形象。

现在，我们处在这个实质的世界里，当安宁、活跃和迟钝三要素处于最活跃的状态时，我们得从我们看到的地方开始工作，从已知的领域到未知，我们不能忽略已知道的而直接去处理未知之事。

实质的事比较容易做，因为是我们能看、能感觉、能触碰、能品尝的实质事物，这就是为什么心灵先给予冥想沉思一个实体的东西，让它因专注而平静下来。一旦了解了这一点，它就会进入更深层的一面——精微的要素，接着静止这精微的要素，直到它回到原始的面貌。

除非你非常了解本性，否则你是跳不出来的。你没有办法忽视它或是把它放在一边。这就是为什么要先练习四个显著的沉思冥想，一个接着一个练习。

但是，在显著的沉思冥想里也有一个危险，它是需要去练习的，我们也得面对它的危险。你得净化自己且无私地准备好，否则你会在面临新发现的能力时产生危险。以耶稣为例，他能治好生病及瘸了腿的人，他用他的能力去救助别人，但当他被钉上十字架时，却没有使用这个能力来解救自己。如果他真的想这么做，是可以的，但他没有，因为这些超能力不能用在自私的意图上。

·我的感悟·

१८. विरामप्रत्ययाभ्यासपूर्वः संस्कारशेषोऽन्यः ।

VIRĀMA PRATYAYĀBHYĀSA PŪRVAḤ SAṀSKĀRAŚEṢO'NYAḤ.

【VIRAMA：完全终止；PRATYAYA：坚信的；ABHYASA PURVAH：借由练习；SAMSKARASESHAH：仅留下印象；ANYAH：其他的】

---

18 坚定不移、持久的练习可以中止心灵的变化，仅留下印象，这是另一种三摩地（阿善普拉尼亚塔三摩地）。

在显著的沉思冥想里，潜藏的种子仍然会进入意识心灵里，在适当的时机将你带进世俗的体验里。这就是为什么你必须先经过四个阶段的练习，然后再进入"不显著的沉思冥想"（Asamprajnatah Samadhi，阿善普拉尼亚塔三摩地）。在此境界，连"自我"的感觉都不存在了，过去印象的种子再也无法萌芽而有所伤害（影响）了。

在这个境界里，只有意识存在，没有别的。一旦达到这个境界，个人就得到完全的解脱了，不再进入这个世界被抛掷来、抛掷去。虽然那时候你还在这个世上，却与这个世界无关。达到这个境界，世界对你来说只是个影子，而你已经完全自由了。这是我们所说的"一个解脱的人"——不是指离开这个世界或死去，而是"一个活在这个世上而得到解脱的人"（Jivanmukta，吉凡木克塔）。

所以，你要先完全了解本性，然后控制它，之后放在一旁而得到解脱。有的时候，人们会退隐森林或到山洞里试着放弃这个世界，以为如果不退隐就无法解脱。这样的人是无法从本性里得到解脱的。其实，它无所遁形，不论到哪里，本性相随。没有其他的方法，除了适当地了解它、运用它，然后超越它。

这就是要练习“显著的沉思冥想”的四阶段的原因了。那么你就很容易了解不显著的沉思冥想。因为当你了解了本性，你可以略过它，转身看你自己。你了解自己是一个纯洁的自我或真实自我（Purusha），它好像与本性（Prakriti）纠缠不清，而现在终于获得自由。

· 我的感悟 ·

१९. भवप्रत्ययो विदेहप्रकृतिलयानाम् ।

BHAVAPRATYAYO VIDEHA PRAKṚTILAYĀNĀṀ.

【BHAVAPRATYAYAH：出世；VIDEHA：没有肉身（神）或身体死亡；PRAKRTILAANAM：与本性融合】

---

19 那些仅仅离开了躯体而达到神的境界，或者与自然融合的人，得以重生。

如果你只练了一点显著的沉思冥想就去世了，那么你是否失去了所有修行的益处？巴坦加里说不会的。一旦你能控制一点本性，在到达最高解脱的境界以前失去了身体，你会继续变成本性的控制者，这样的人叫作神（Videha）。

假设你已经控制了整体的要素（身体），还没进入精微的要素（精、气、神），变成所有本性整体要素的控制者。如果你已停止沙－阿希米达三摩地（冥想在自我上）的练习，而又正好触及本性的深处，你就变成本性的控制者。这样的人叫作希达普汝夏（Siddha Purusha），或是能控制各种幻象的神——印度拉（Indra，众神之王或本性的控制力量）、维汝纳（Varuna，水的控制力量）、阿格尼（Agni，火的控制力量）等等。但是，不论他们变成谁，都得回来继续研究如何得到解脱。他们暂时退出本性，但是如果想得到最后的学位（解脱），他们必须再进入大学（再生）。本性就是那“大学”。

你达到某一点，可以进入更高的境界，然后控制住本性，但欲望的种子和依恋还是在那儿。你还没有得到完全的解脱，所以你要再回来，完成其他的练习，然后得到学位。这就是为什么神要变成人类，因为只有人才可以得到解脱。

神只是人类再进化一点，学会了如何控制本性，由于那控制的能力而得到天堂里的一些愉悦。但是在那之后，他们又回来了。这个来来去去是永远存在的，直到你将欲望的种子燃烧掉，最后由于认识自己而得以完全解脱。

·我的感悟·

२०. श्रद्धावीर्यस्मृतिसमाधिप्रज्ञापूर्वक इतरेषाम् ।

ŚRADDHĀ VĪRYA SMṚTI SAMĀDHI PRAJÑĀPŪRVAKA ITAREṢĀṀ.

【SRADDHA：信心；VIRYA：力量；SMRTI：记忆；SAMADHI：沉思、三摩地；PRAJNAPURVAK：借由洞察力；ITARESHAM：为着别人】

---

20 对其他人来说，不显著的三摩地可以通过信心、力量、记忆、沉思或是借由洞察力而达到。

这是巴坦加里给予的一些方法，在瑜伽练习篇中，会有更进一步的讨论。简单地说，一定要有信心，至少要有勇气。你得坚强，要有好的记性，记得你曾经犯过的错误和教训，这样就不会掉入世俗的坑洞里。

当然，你一定要沉思冥想和体验巴坦加里一路谈过来的三摩地。最后，对于真实的自我（Purusha，普汝夏）与不真实的本性（Prakriti，普拉克里惕），你要有洞察力来辨别。

·我的感悟·

२१. तीव्रसंवेगानामासन्नः।

TĪVRA SAṀVEGĀNĀM ĀSANNAḤ.

【TIVRA：非常热衷的、渴望的、深切的；SAMVEGANAM：意图；ASANNAH：非常快速】

21 对于非常热衷和有意愿练习的人，很快就会达到三摩地的境界。

·我的感悟·

२२. मृदुमध्याधिमात्रत्वात् ततोऽपि विशेषः ।

MṚDU MADHYĀDHIMĀTRATVĀT TATO'PI VIŚEṢAḤ.

【MRDU：温和的、轻度的；MADHYA：中等的；ADHIMATRATVAT：加强的；TATO'PI：更进一步；VISESAH：区别】

---

22 成功所需要的时间依据你的练习是否经由基础的、中等的、加强的、更进一步的次第区别而有所不同的。

·我的感悟·

२३. ईश्वरप्रणिधानाद्वा ।

ĪŚVARAPRAṆIDHĀNĀD VĀ.

【ISVARA：至高的神；PRANIDHANAT：虔诚的、专心的；VA：或者】

23 或者借由祈祷、虔诚地献身给神，达到三摩地境界。

巴坦加里在这里表示，还有一种方法可以成功；献身给神（Isvara Pranidhanam）。依思瓦拉（Isvara）的意思是至高无上的意识，不是个别的灵魂，而是至高无上的灵魂，也就是神。巴坦加里在下面继续解释谁是依思瓦拉。

·我的感悟·

२४. क्लेशकर्मविपाकाशयैरपरामृष्टः पुरुषविशेष ईश्वरः ।

KLEŚA KARMA VIPĀKĀŚAYAIR APARĀMṚṢṬAḤ PURUṢAVIŚEṢA ĪŚVARAḤ.

【LESA：烦恼、产生痛苦的事由；KARMA：行动；VIPAKA：行动的结果；ASAYAIR：欲望的印象；APARAMRISHTAH：不受……的影响；PURUSHAVISESHAH：至高无上的意识；ISVARAH：至高的神】

---

24 神是至高无上的真实自我，不受任何烦恼、行动、行动的果或欲望的内在印象所影响。

这个意思就是说他没有欲望，那么他就没有行动，就不需要获得行动的果。那么，他是什么？

（编按：大师在上一节经文中解释，神既不是“他”，也不是“她”，而是“至高无上的意识”，根据瑜伽的思考，这个“神”字在整部经书里都应该这么解释，除非有特别指明。）

·我的感悟·

२५. तत्र निरतिशयं सर्वज्ञबीजम् ।

TATRA NIRATIŚAYAṀ SARVAJÑA BĪJAṀ.

【TATRA：在他的里面；NIRATISAYAM：完全的显示；SARVAJNA：全知；BIJAM：种子、根源】

---

25 在他的里面，可以完全显示出全知者的一切根源。

换句话说，他是全知的。他就是知识本身，浩瀚的知识叫作至高无上的灵魂，或真实自我（Purusha）。我们怎能想象或是看到他？请想象一个圆，圆内有空间，圆外也有空间；圆内的空间是有限的，圆外的空间是无限的，如果你能接受有限空间的存在，自然你就能接受无限空间的存在。如果没有无限，也就没有有限。

当你说“我是一个男人”的时候，一定有一个女人；如果你说“左边”，就一定有“右边”；想到这一边，就一定有另一边。我们认为我们的心灵和知识是有限的，那么就一定有超越它的无限知识。

२६. स पूर्वेषामपि गुरुः कालेनानवच्छेदात् ।

SA PŪRVEṢĀM API GURUḤ KĀLENĀNAVACCHEDĀT.

【SAH：他；PURVESAM API：甚至是古代的；GURU：老师；KALENA：借由时间；ANAVACHCHEDAT：无条件的、绝对的】

---

26 时间无条件地证明了，他甚至是最远古时期老师们的老师。

虽然所有的知识都在你内心，不须从外在求取，但仍然需要有人帮助你去了解你自己的知识，这就是为什么需要一个老师，或精神导师了。他或她将帮助你从内心了解你自己。

为了帮助你，你的老师一定知道些什么，你的老师又是从哪里学来的呢？他也是一定是从另一个老师那里学来的。那一定有一连串的老师。那么谁是第一位老师呢？可能有上百、上千位老师，那么应该有最初的一位老师，应该有一个无限的知识宝库，所有的知识源头就是从那儿来的。这就是为什么巴坦加里说至高无上的真实自我（Purusha），或是至高无上的意识（Isvara，神），也就是老师们的老师。

所以，献身给全知的神是另一种进入三摩地境界的方法。它是感情通道，比起前面所提的方法要简单许多。仅仅是向神顺服，说：“我是你的，全部都是你的。”你的目标即达成。在你完全放弃自己的那一刻，你已超越了你的本位自我（Ego）。

我们都是以本位的自我来练习瑜伽，“啊，我能够专心了；我可以看穿这个东西了；我可以净空我的心灵了。”所有这些“我可以”的信念，应该是“我不能”，我们应该变得完全顺从。当我们说“我可以”，好像在说本性的一部分。一旦我们能说：“我什么都不会做；是您，神啊！”我们即超越了本性。如果能这么做，这是一个简单又安全的捷径。

最后，如果以本性的一部分——心灵来做事，是没有人能得到永久的和平的。想要得到最大的喜悦，只有超越本性，并且认识在超越转化境界中的神。一旦超越了，你知道你永远不会卷入本性，使本性复杂——不论是大事或小事，你是完全的纯洁与自由。那么你与超越的神合而为一了。

在那个境界里，你可以说：“我和神合而为一了。”你绝对不会这么说：“某某先生，体重 70 公斤，高 1.8 米，卷发。”那一个“我”能说：“我和神合而为一了。”那是个纯洁、没有卷入本性、远离本性的我。这份解脱来自于当你完全向神顺服的时候。

在日常生活里，我们有本性的瑜伽（结合），但现在我们要神的瑜伽。我们一直都有结合，但是我们与本性的结合，应该改为与神的结合。与神结合的瑜伽才是真正的瑜伽。

所以，现在你可以看出宗教教导和瑜伽的虔诚面的关系了。瑜伽是宗教的基础。本着瑜伽认知之光，你甚至可以走进经典的困难角落，清楚了解所有的宗教信仰。

२७. तस्य वाचकः प्रणवः ।

TASYA VĀCAKAḤ PRAṆAVAḤ.

【TASYA：关于至高的神；VACHAKAH：字的含义；PRANAVAH：神秘之音“OM”】

27 至高的神，其字义就是那神秘之音“OM”。

任何东西如果没有名字是很难了解的，巴坦加里想要给至高的神一个名字。即使他没有任何特别的形象，他也应该有一个名字。但是，依思瓦拉（Isvara）只是一个有限的名字；神（God）也是一个有限的名字，因为这个词的振动力是有限的。所以，巴坦加里希望有个名字能够给予无限理念和无限振动力，它可以包含所有的波动、声音和音节，因为神就是无限。因而，巴坦加里说他的名字是“嗡”（Mmmm），写出来是“OM”——即宇宙根本之音，就是发出“嗡”的声音。

但是，你不需要为了感觉神的存在而发出“嗡”的声音，如果你发“嗡”的声音，好像你要去创造一个神，或是想把神带给自己。如果你闭上眼睛、捂住耳朵，安静地坐着，让你的心完全静下来，然后用内心聆听，其实，他一直在跟你说话，但由于平常我们说话的声音太大了，以至于听不到他的说话声。

这里我们也得了解为什么要给一些东西取名字。在梵文里有一个名词：帕达塔（Padartha），通俗的说法是“东西”，按字面解释“帕达”（Pada）和“阿塔”（Artha）指的是东西和它的意义。

名字和形象是不可分的。当你想表达一个想法的时候，你得用文字表达。没有文字，很难表达你想的是什么。所以，任何想法或实体都应该有一个名字来表达它。这就是为什么全世界所有的东西都有一个名字。

通常一个名字可能有某种意义，但是它不能传达这个东西的确实本质。举例来说，当我说“苹果”时，我们都知道苹果是什么，所以能够看到这个名字背后的物质。但对于一个从来就没有见过或听过苹果的人，这个名字就无法传达任何事物了。他无法从字面上去创造一幅景象，他说不定会想：谁叫作“苹果”呢？所以，只有在吃过之后，“苹果”才会变成水果的名字。但是，对神的命名应该不是这样。神有成百上千个名字，但没有一个名字能够适当地表达神的意义。也许这些名字会给你神的某一面图像，但不能表达神的全部。神是——曾经是以及永远都是——没有开始，也没有结束，无限的、无所不知、无所不在的。这么伟大，应该有一个名字能表达这所有的一切。还不只如此，当你不断重复念这个名字时，神就会显现在你的心里。

“椅子”这个名字可以让你想起一把椅子，但你无法坐上去。“糖”会让你想起甜的东西，但是你无法品尝到它。但是，神的名字应该不仅意味着神的全部和它自己代表神，它还会把神带给你。这样的名字除了“OM”没有别的能代表了。

请不要认为我是印度人，印度的经文如此说，我就这么说了。我并不属于任何宗教，而且所有的经文都是这么说的。《圣经》说：“最初的时候有个字，这个字与神在一起，这个字是神。”印度《吠陀经》说：“婆罗门的名字是 OM，OM 就是婆罗门。”为什么他们认为“OM”是这么丰富，这么深奥，能够代表无所不知、无所不在、没有开始也没有结束的神呢?

让我们来看看为什么。“OM”这个字有三个音节：A、U 和 M，所以常常是这么写的——AUM。整部《曼杜加奥义书》(Mandukya Upanishad) 经典都在阐明“OM”的意义。

“OM”分成四个阶段：啊 (A)、呜 (U)、嗯 (M) 和安纳加塔 (Anagata)，这是超越口头的发音。A (啊) 是所有声音的开始，所有的语言都是以 A 或 ah (啊) 字开始。你只要张开嘴，发个声音，那就是啊，那个声音发自喉咙，舌头的根部。所以，只要是听得到的声音，就是以“啊“开始。

当声音从舌头与上颚之间慢慢地往前走到嘴唇，出来的声音是“呜”(U 或 OO)。然后，闭上嘴巴，“嗯”(M) 的音就发出来了。

因此，啊 (A) 是创造，呜 (U) 是保留，嗯 (M) 是最高点。所以，嗡字 (OM，AUM) 包括了一个声音的整个过程，其他所有的声音全部都包含在内了。如此，“OM”是起源或是根源，从这个字开始，才有了其他的声音与词汇。换句话说，“OM”潜伏在所有的词汇里。

在口头发音结束后，还有一些余波振动，那是缄默之音，又叫作安纳加塔 (Anagata)，这个声音一直在你的里面。即使在发啊 (A) 音之前，或是嗯 (M) 音之后，永远有这么一个声音波动在你的身体里面，不会消失。如果你能保持安静，你永远听得到这个声音。因为这个原因，它又被称为阿加帕（Ajapa），加帕（Japa）的意思是重复诵念，但阿加帕则是指不需要重复诵念的；它一直在你的内在延续着，只有在其他的声音停止时才能听得见。

即使在思考时，也会产生一种声音，因为思想本身就是说话的一种形式。不要因为思考而扭曲了最原始的声音，使它凌驾于“OM”音的起始、延续和结束。想要听到这个声音，一定要让心静下来，不要让思绪纷飞，要沉静下来，那么你就听得到“OM”音了。

“嗡”音叫作普拉那瓦（Pranava），因为它与普拉那（Prana，气）连在一起。普拉那是振动的基础，它是永远存在的，不论看得见或是看不见。它永远不会结束，就像当我们清醒的时候，我们思考、说话和行动；睡眠时，我们的心灵仍然一直有动作。这个波一直隐藏在心里，合乎科学的说法。当显现的东西慢慢隐形时，它们回到了最微小的波动。没有人能够制止这么微弱的振动。

我们说有生命的东西会动，无生命的东西不会动，这是依据眼睛所见为标准。我们看不到石头动，但它并非不会动。我们不需要看经书怎么写，科学家早已证明。

同样的，即使你没有重复诵念，基础之音仍一直在你的内在振动着。它是一个根源，由此根源，所有的声音显现。这就是为什么嗡音能够完全代表着神。它有能力去创造一切。

如果你用黏土做个苹果，漆上美丽的色彩，跟真的苹果一起摆在桌上，一般人是看不出有什么区别的，因为看起来很相似，名字也一样。但是，如果你把它们种植在土里，黏土苹果绝对长不出苹果树，而真的苹果则可以长出苹果树，因为它里面有种子，是有创造能力的。同样的，其他的字就像黏土苹果，而根源字“OM”则有创造能力，可以显现整个世界。整个世界由它引发而展开，然后再回到它的里面。所以，神的名字应该是“OM”，没有任何字能这么适当地代表他了。

我们也要知道“OM”并不是任何人发明的。并不是有些人聚在一起，然后提名、选举，大多数的人决定:“好吧，让神用这个名字‘OM’吧。”不是的，他自己显现的就是“OM”。任何探求者想要与神面对面，最后见到的就是“OM”。所以，他超越了理性、政治性或是理论性的限制;他不属于任何国家或任何宗教，他是属于全宇宙、全世界的。

“OM”字是有变化的，我们常听到的“阿门”或“安拉”是基督教、伊斯兰教和犹太教对神的称呼，并非有人将他改了名字，其意义都是一样的。无论你在何处冥想静坐，最后你都可以经验到“OM”（嗡）或是“HUM”（哼）的声音。但是，当你想要表达所经验的声音，你可能以你的理解力或是所知道的语言，而用不同的字来表达。

举个例子，如果一群小孩听到有人开枪，一个跑向妈妈说：“妈妈，妈妈，我听到好大一声‘咚’。”另一个小孩说:“不对，妈妈，声音是‘嘟’。”

第三个小孩说："啊，妈妈，我听到好大一声'砰'。"它是"咚"、"嘟"，还是"砰"？这是不同小孩听到的同一种声音，以不同的字来表达最形象不过的例子了。

同样的，如果你静坐冥想，进入了深沉的境界，听到了宇宙之音。你可能会说："啊，我听到的声音好像是阿门。"另一位说："我听到的是'OM'。"又一位说："我听到的是'嗯'。"这就是奥义书中所说："真理只有一个，经验者却用许多方法来表达。"

所以，我们学到了最伟大的基本根源字"OM"，没有任何名字比它更能代表至高的神了。现在，我们已经表达了它的伟大之处。

·我的感悟·

२८. तज्जपस्तदर्थभावनम् ।

TAJJAPAS TADARTHA BHĀVANAṀ.

【TAT：那个；JAPAH：重复；ARTHA：意思；BHAVANAM：反映、回响、凝思、熟思】

28 重复诵念它，并深思其意义，更有帮助。

巴坦加里说，现在我们要谈“重复诵念”（Japa）的练习。这是非常有力的一个技巧，同时也是最简单、最单纯、最好的技巧。几乎所有的宗教都提倡要反复诵念神的名字，因为所有的圣人、哲人、先知都体验过，并且了解它的伟大、荣耀及权威。这就是为什么在印度的传承里，让学习者反复诵念一个神秘的字或者一个“咒语”。

诵经是为了“使心灵平静，产生适当的影响”。这种反复的诵念叫作加帕。所以，“加帕瑜伽”即通过反复诵念神的名字，与神结合。在天主教里“反复”是对圣母玛丽亚致敬时加上念珠来祈祷。在希腊正教的教堂里，我很讶异地发现“重复诵念”是他们祈祷时一直使用的方法，他们不断地重复“主耶稣，怜悯我”。藏传佛教里，“重复诵念”更是显著的练习。

我们说它是最简单的，因为你不需要到特别的地方或是选择特别的时间来练习。它不是在你以外的什么地方，而是一直在你的内心。不论你在何处，咒语会一直跟着你。要朝拜一个神，你需要一张照片或肖像，还要有个地方置放它。但是，咒语的练习永远在你心中最神圣的地方，因为那是你所爱的。这就是为什么你要神圣又秘密地保护你的咒语。你甚至不能告诉别人，以免失去它的神圣威望。

不断重复地念诵，心灵的一部分会和它联结。就像一个人要进入地下隧道，身上绑着一条生命之绳，将绳子的一头绑在腰上，另一头绑在隧道外面的木桩上，让别人看守。任何时候只要一有危险，你只要摇一摇绳子，上面的人就会把你拉上去。

同样的，通过诵经，你心灵的一部分已经和神联结在一起，其他部分却和世俗事物的追求联结。你跳进海水的深处，为了得到珍珠——名声、金钱、地位、朋友以及任何你想要的东西。只要你把和神联结的绳子固定好，你并不需要离开任何地方，一个聪明、敏锐的人，会先看到这一点，甚至会先拉一拉看看绳子是否够坚固、绑得够牢。当他确定以后，才会下到隧道里。但是，很多人根本不在意任何绳子，要知道这是你和神或者你和宇宙之间的金色之绳啊！

开始的时候，不要管咒语或诵经的经文意义。让重复变成一种习惯。当它变成固定的习惯时，你可以开始思考："我在重复念什么啊？"然后，你可以开始想它的意思而不会忘记咒语，因为它早已变成习惯。我们生命中有许多事情已经变成习惯。如中午十二点的意思是午餐，下午六点是晚餐等等。因为我们老是重复它，它已经变成了我们的第二本性。

同样的，在开始的时候，神的名字也可以机械化或习惯化，直到它把你吸收，你就变成了它。如果你不断地说"战争，战争，战争"，有一天你就会打仗了。如果你一直想"猴子，猴子，猴子"，可能在一两个星期之内，你就会跳来跳去了。是的，"如你所想，如你所得"。不知不觉中，你已吸收这个名字的能量品质了。这就是为什么我们要选择正确的名字的意义所在。要选择任何可以帮助你以及让你专注的名字，因为有些名字到后来会把你引向困境。一个神圣的名字能够提升心灵，应该用来当作咒语。

为了特别的助益，应该找一个特别的咒语。所有一切的基础是“OM”，就像棉花是衣料的基础，根据不同的需求，设计成不同的样式：一个枕头，一张床单，一块桌布或餐巾。“OM”就是这基础根源。为了不同的需求，你采用不同的咒语，“OM”是原始宇宙之音的所有和一部分所发出的波动。

你可以采用同样的声音力量带来伤害或助益。有些人施巫毒教的法术或巫术，也是用咒语的力量。所以，你可以用你选的词汇去帮助或破坏，祈福或诅咒。

事实上，没有任何时候像二十世纪般有这么多的词汇力量展现出来。如政治家以他们用的词汇力量来赢得选举。广告也可以清楚地展现出其词汇力量，一个没有什么价值的产品可以因为睿智的词汇而引人注目。所以，字词的力量也可能被错用。这就是为什么在你运用这些字词之前，你要先净化心灵。在重复诵念中，你反复地念这些字词，之后，你会感觉到它们的意义。

२९. ततः प्रत्यक्चेतनाधिगमोऽप्यन्तरायाभावश्च ।

TATAḤ PRATYAK CETANĀDHIGAMO'PYANTARĀYĀBHĀVAŚ CA.

【TATAH：从这儿起；PRATYAK：内在、里面；CHETANA：自己、自我；ADHIGAMH：知识；API：也、亦；ANTARAYA：障碍；ABHAVAH：消失、不见；CHA：和】

---

29 这个练习会让所有的障碍消失，同时发现自己内在的知识。

练习“重复诵念”(Japa)，你将和宇宙的能量和谐为伍。借着调和的力量，你感觉到获得了能量，吸取了所有的特质，得到了广大无边的视野（宇宙观），超越了所有的限制，最后超越了实体。

通常，你的身与心会使你受限。但是，你只要抓住无限的东西，慢慢从捆绑你、使你受限的物体中提升自己，你就可以超越它们。通过“重复诵念”，你将脱离所有的障碍，使修行之道变得简单。这提醒了巴坦加里，修行之道是有许多障碍的。所以，在下面的叙述里，巴坦加里开始谈这些障碍。

३०. व्याधिस्त्यानसंशयप्रमादालस्याविरतिभ्रान्तिदर्शनालब्धभूमिकत्वानवस्थितत्वानि चित्तविक्षेपास्तेऽन्तरायाः ।

VYĀDHI STYĀNA SAṀŚAYA PRAMĀDĀLASYĀVIRATI BHRĀNTIDARŚANĀLABDHABHŪMIKATVĀNAVASTHITATVĀNI CITTAVIKṢEPĀS TE'NTARĀYĀḤ.

【VYADHI：疾病；STYANA：愚钝的、笨的；SAMSAYA：怀疑、不相信；PRAMADA：漫不经心、大意；ALASYA：懒惰；AVIRATI：感官享受；BHRANTIDARSANA：错误的觉知、观念；ALABDHABHUMIKATVA：无法达到稳固基础；ANAVASTHITATVANI：不稳定、滑倒、退步；CITTAVIKSEPAH：分心；TE：这些；ANTARAYAH：障碍】

---

30 疾病、愚钝、怀疑、漫不经心、懒惰、感官享受、错误觉知、无法达到稳固基础、退步，这些都是使心分散注意力的障碍。

第一个障碍是身体的疾病。疾病会使你愚钝，一颗愚钝的心会怀疑所有的事情，因为它不求甚解。当存疑的时候，你会不在乎，由此衍生出散漫的态度或是懒惰。

当心灵对更高的目标不再感兴趣或不再警觉时，它总得做些事，于是会慢慢屈身于感官享受。事实上，这些皆可以总和成为愚钝（Tamas，塔马斯）的内涵。

另一个障碍是在你所知的领域里退步，这一点困惑了许多人。举例来说，一个初学者兴致盎然地练习，兴趣日益提高，他也不断地进步，甚至很得意自己的进步；突然有一天他发现自己失去了所有学到的事物，因此滑落至谷底。很多人发生过这样的情形。如果我们了解在精神提升的道路上这种情形时常发生，我们就不会感到受挫了。否则，我们会说：

“啊，我什么都没有了，我简直没有希望了，我已失去兴趣。”我们要知道，这是所有追求者都可能发生的。心灵不是一直停留在某个阶段，它是有起伏的。如果一直都是顺境，那就没有挑战，不好玩了。

请记得，练习瑜伽就像是一场障碍赛，在我们成长的道路上，有许多障碍是故意放在那里让我们越过的，好让我们了解并且测验我们的能力。我们都有那个能力，只是有时候不自觉而已。我们好像需要这种挑战，以便试出我们的能力有多少。事实上，那是自然法则。

如果一条河流是自然地流动，河里的水就无法表现它的力量；一旦你放进一个障碍物——建一个水坝，那么你就可以从它所发出的巨大电力里看出它的力量了。

·我的感悟·

३१. दुःखदौर्मनस्याङ्गमेजयत्वश्वासप्रश्वासा विक्षेपसहभुवः ।

DUḤKHA DAURMANASYĀNGAMEJAYATVA ŚVĀSA PRAŚVĀSĀ VIKṢEPA SAHABHUVAḤ.

【DUHKHA：忧伤、痛苦；DAURMANASYA：绝望、失望；ANGAMEJAYATVA：身体颤抖；SVASA：吸气不顺畅；PRASVASA：呼气不顺畅；VIKSWPA：心理疾病、精神焦躁不安；SAHABHUVAH：随之而来的、陪伴物】

31 当精神焦躁不安，伴随而来的是忧伤、绝望和身体颤抖、呼吸不顺畅。

有一些症状，会阻碍我们注意力集中以及冥想静坐，这是我们都会经验到的，那就是日复一日的活动、生活态度、交际和饮食。不要让身体与心灵充满惰性，它们应该一直处于悦性（平静）的状态，这不是单靠短时间的冥想静坐即能达到的。所以，我们要照顾到生活里所有的这些事情。

一个生病的身体是坐不住的，它无法让心灵安静地冥想。衰弱的神经会让人颤抖，在冥想时颤抖或发汗，那是身体衰弱的症状。但是，如果我们让身体借由正确的食物、运动、适当的休息，而且不让身体懒惰及愚钝，在这种适当、正确的情况下，这些身体衰弱的症状是不会产生的。

३२. तत्प्रतिषेधार्थमेकतत्त्वाभ्यासः ।

TAT PRATIṢEDHĀRTHAM EKA TATTVĀBHYĀSAḤ.

【TAT：它们的；PRATISHEDHA：预防、阻止；ARTHAM：为了；EKA：单一的；TATTVA：事物；BHYASAH：练习】

---

32 为了防止障碍和其附加物的产生，最好的方法是对单一事物的专注练习。

这里所说的要点是——我们不应该随意改变专注的目标。当决定要专注在一件事物上时，不论发生什么事情都要坚持。

你在一百个地方挖一百口浅浅的井是毫无价值的，你应该在一处挖一口深井。如果在挖井的时候碰到一大块硬石，即使得用炸药把它炸掉，也要继续挖下去。如果你放弃，再去挖另一口井，那么你挖第一口井的力气不都白费了吗？而且，你还不能保证你不会再碰到大石头。在挖井之前，你应该分析、勘察哪一个地方可以挖，一旦你决定了地方，开始挖掘了，就不要再怀疑，挖吧！这时再想值不值得去挖已经太晚了，你早就应该先想好了。

即使它是一条漫长的路，你的不屈不挠也会使这条路缩短些。我们的目标是要稳住心。所以，用什么事物并不重要，任何事物都可以将你引向目的地，因为你不是为了这个事物去练习专注，而是为了你的目标。事物只是目标的一个记号、象征而已，我们一定要记得这一点。所有的想法、事物，甚至咒语都只是达到目标的辅助物，在这事物的背后，你应该永远记得你的目标。

口味、气质和包容力是不一样的，所以你不应该因为你专注的东西和别人不一样，而批评别人在冥想时专注的事物。他以专注某事物而接近目标，就如同你对你所专注的目标有信心一样，他对他所专注的目标一样有信心。我们不应该去打扰别人的信念，也不要让我们的信心被打扰。坚持一个事物，向前去锻炼。

为什么需要进行专注于一点的练习？这是为了让你的心灵清晰，这样你就可以超越它了。你并不需要固守这件事物，只是把它当作一个可以往上爬的阶梯，一旦到达上面，你就把它留在后面了。

在下面的经文里，巴坦加里提供一些建议：如何能够专注在一点上，以及如何维持它。

我们很容易看出巴坦加里的理论是多么宏观，他意指目标而非这条通道。他不会硬要你走进这条特别的道路，他只是提供一些建议，最后才说如果没有一样适合你，就选择你要的吧。他是如此慷慨宽容，这就是为什么瑜伽能被大家接受。没有人会否认瑜伽哲理，因为它总有一些东西是适合你的。

३३. मैत्रीकरुणामुदितोपेक्षाणां सुखदुःखपुण्यापुण्यविषयाणां भावनातश्चित्तप्रसादनम् ।

MAITRĪ KARUṆĀ MUDITOPEKṢĀNĀṀ SUKHA DUḤKHA PUṆYĀPUṆYĀ VIṢAYĀṆAM BHĀVANĀTAŚ CITTA PRASĀDANAṀ.

【MAITRI：友善的、亲切的；KARUNA：同情、怜悯；MUDITA：欣喜、愉快；UPEKSHANAM：不理会、不顾；SUKHA：快乐；DUHKHA：不快乐；PUNYA：有道德的、善良的；APUNYA：坏的、邪恶的；VISAYANAM：在这种情况下；BHAVANATAH：以培养的态度；CHITTA：心的素质；PRASADANAM：不受干扰的平静】

---

33 培养友善的态度以得到快乐，对于不快乐的要给予怜悯，欣喜拥有善良道德，不理会邪恶；如此，心灵可以保有不受干扰的平静。

不论你是否想达到三摩地的境界，抑或是根本不想学瑜伽，我都会劝你至少要记得这一节经文。这对于日常生活中维持平静的心灵是很有帮助的。

也许在你的生命中，并没有什么伟大的目标，但是不妨好好地学习这一节，你就会看出它的功效。对我来说，这段经文是一盏使我心灵常保平静的指引明灯。

谁不喜欢常保平静？谁不喜欢永远快乐？每一个人都喜欢。所以，巴坦加里给了我们四把钥匙：友善、怜悯、喜悦以及不理会。世上只有四种锁，把这四把钥匙永远带在身边，无论遇到任何一种锁，你都有正确的钥匙打开它了。

这四种锁是什么？快乐的人、不快乐的人、有道德的人、邪恶的人，任何时候你都可以将任何人放进这四种类别里。

当你看到快乐的人，用“友善”这把钥匙。巴坦加里为什么这么说？因为即使在四千年以前，也一定有人不喜欢看到别人快乐，现在还是一样。例如，有人开了一辆豪华轿车，将它停在一栋豪华大厦前面，然后下车。另外有一些人顶着大太阳，很累地在铺路。他们有多少人是快乐的？不多的。他们会说：“你看那辆豪华车，它在吸我们劳工的血啊。”我们会碰到这样的人，他们永远是嫉妒的。他只是下了车，走进屋子，批评者却内心激荡，而不去想：“啊，如果每个人都像他这么幸运，这世界有多快乐啊，愿神保佑每一个人都能像他这么幸运，有一天我也会得到这些的。”你要结交这种朋友。然而，我们多半都没有这种反应，不仅是个人之间没有，就连国家之间也没有。当某些国家强盛繁荣时，就会引起邻国的妒忌，想摧毁其经济。

当一个人获得名声和地位时，就会有人批评：“啊，你不知道他有个地位显赫的哥哥吗？他一定是靠这个关系发迹的。”他们从不愿承认他可能是靠自己的努力得来的。这个嫉妒，并不会打扰到他，反而会打扰到批评者自己的平静。所以，当我们看到快乐的人，应该一直保有友善的钥匙。

下一把锁是什么？不快乐的人。“嗯，大师说每一个人都有他的业障，他一定在前世造了业，让他现在去忍受吧。”我们不应该有这种态度。或许他确实在承受着前世所造的业，但是我们应该要有怜悯心。如果你能伸出援手，一定要伸出援手；如果你能分半块面包出来，就与他分享吧。一定要永远怀着怜悯之心。你这么做会得到和平与平静的心。请记得，我们的目的是要保持平静的心。不论我们的怜悯能否帮助别人，只要有仁慈的感受，至少已算帮助了。

第三种是有善良品德的人。当你看到一个善良的人，感觉是喜悦的——“啊，他真好，他是我的英雄，我要模仿他的善良。”不要羡慕他，不要想把他拉下来。欣赏他内在的好品性，也试着在你的生命中挖掘这种好德行。

最后一种人是邪恶的。我们不否认有时候会遇到坏人，应该用什么样的态度面对呢？不理会。“是的，有些人就是这样。也许我昨天也是这样，但我现在不是比较好了吗？他也可能明天就会比较好了。”不要试着去劝导这种人，因为邪恶的人通常是不听劝的。如果你试着去劝他们，你会失去平静的。

我还记得小时候听过一个潘恰・坦特拉（Pancha Tantra）的小故事：

一个下雨天，有一只猴子坐在树枝上，完全淋湿了。而在这棵树的正对面，一只小麻雀坐在树枝上的鸟巢里。通常来说，麻雀都喜欢将鸟巢筑在树枝边上，风吹来时可以轻轻摇摆。里面有个小屋，还有上层，一个客厅，一间卧房，还有传达室。真的，你得看看，有时候还真羡慕麻雀小屋呢。

此时，在巢里温暖舒服的小麻雀正好往外看到了可怜的猴子，说：“亲爱的朋友，我是这么娇小，我甚至没有你那样的手，我只有小小的嘴巴，但我却建了一个很好的窝，就是为了雨天而准备。即使雨不停地下、一直下，我仍然可以温暖地躲在里面。我听达尔文说你们是人类的祖先，那么你为什么不用用头脑，在某个地方，盖一间很好的小屋子，能在雨天保护你呢？”

你可以想象猴子的脸色，真是可怕极了！“噢，你这个小鬼！好大的胆子，竟敢教训我？就是因为现在你又温暖、又舒服，所以嘲笑我。你等着，你会知道你的下场的。”猴子冲向鸟巢，把窝给扯碎了，可怜的小鸟只好飞出去，淋得跟猴子一样湿。

这是我小时候听到的故事，到现在都还记得。有时候我们会碰到这样的“猴子”，如果你劝他们，他们会认为你是在羞辱他们，认为你很得意、骄傲。如果你感觉到别人有这种倾向，避开他，他一定会受到教训的。向这种人劝解，你只会失掉内心的平静。

你还能想出任何其他种类的人吗？巴坦加里把人分成这四种：快乐的人、不快乐的人、有道德的人、邪恶的人。所以，我们要有这四种态度：友善、怜悯、喜悦和不理会。把这四把钥匙永远放在口袋里。如果你对每一种人都用对了钥匙，你就能保持平静，世上没有事情会让你烦恼了。

记住，我们的目标是要维持心灵的平静。巴坦加里的瑜伽经一开始就提醒我们这一点。这一节是很有用的。

३४. प्रच्छर्दनविधारणाभ्यां वा प्राणस्य।

PRACCHARDANA VIDHĀRAṆĀBHYĀṀ VĀ PRĀṆASYA.

【PRACCHARDANA：呼气；VIDHARANABHYAM：借由保留；VA：或者；PRANASYA：有关呼吸】

34 想保持平静，也可以借由呼气或闭气来控制。

巴坦加里谈到了控制气的流动（Pranayama），就像我们的呼吸。有些探讨“气”的专家指出，巴坦加里所谓“气的控制”是指我们应该保持外在的呼吸，不是吸气之后闭住气，而是呼气之后闭住气。但是，巴坦加里并没有那么深入地探讨各种不同的呼吸方法，他的意思可能是我们应注视着我们正规的呼吸。你可以先将气深深地呼出去，然后看着气慢慢地进出。

佛家打禅叫作“阿那·帕那·沙第”（Ana-pana Sati），阿纳·帕那和哈达瑜伽里的普拉那-阿帕那（Prana-apana）相似。“上升之气”谓之普拉那；“下行之气”谓之阿帕那，其目的就是要将上行气与下行气结合。事实上，哈达瑜伽主要是依据这两种气。哈达的意思是“太阳”和“月亮”，两种相反的东西需要以柔和的方式融合在一起。所以，巴坦加里说要将平静带给心灵，要注视及调整呼吸。

我们要一直记得心灵和普拉那（气、呼吸）有着密切的关系。南印度伟大的圣人提鲁木拉（Thirumoolar）说：“心灵走向何处，普拉那跟随之。”我们从日常生活中即可看出，如果你的心是激动的，你的呼吸会很沉重。当你极有兴趣地念书或是深度思考时，如果此时打断了这种专注，你会发现你好像不能呼吸。这就是为什么在深度思考时，你会深深地叹一口气或做个深呼吸。这证明了心灵在极度专注静止时，呼吸也会停止。这叫作凯瓦拉·孔巴卡（Kevala Kumbhaka），意即不需费力就自动憋住了呼吸。只要练习深度冥想，你就会发现。

反之，如果你调整了呼吸，也自然而然调整了心。这就是为什么在激动、担忧或是困惑的时候，你应该多做几次深呼吸，把整个心放在呼吸上。只要几分钟，就会发现你的心完全地平静下来，这是我们日常生活中很重要的提示。如果突然之间你恼怒了，做几次深呼吸，注视着呼吸，怒气就会消失了。不论是什么让你激动，调整呼吸都会有帮助。

·我的感悟·

३५. विषयवती वा प्रवृत्तिरुत्पन्ना मनसः स्थितिनिबन्धनी ।

VIṢAYAVATĪ VĀ PRAVṚTTIR UTPANNĀ MANASAḤ STHITI NIBANDHANĪ.

【VISAYAVATI：感觉、感知；VA：或者、还是、否则；PRAVRTTIH：由得到的经验；UTPANNA：引起；MANASAH：属于心的；STHITI：坚定性；NIBANDHANI：原因、导致、动机】

---

35 或者，专注在感官觉知上，也能使心灵平静。

刚开始练习专注时，会出现许多特别的感官觉知。它们本身能成为进一步专注的对象而稳住心灵。如果练习瑜伽，没有得到一点益处，你可能会失去兴趣，开始怀疑它的功效。所以，为了使你更有信心，在你不断地练习之后，即可以专注在特别的感官觉知上。这样一来，你就会了解你全神贯注在一点上的练习进步了，这就像石蕊纸的试验一样。

有个方法是专注在鼻尖。不要使劲，否则你会头痛的。实际上不是真的去看鼻尖，只是好像你在看它，把心放在那里，如果你的心真正全神贯注在这一点上，过一会儿就会有一段奇特的体验，你会闻到香味。你可能会四处看看，是否有花卉或香水。如果有这种体验，就可以证明你的心是全神贯注在这一点上了。它会带给你信心，但不能帮你达到目标，那只是个试验，仅此而已。记住，不要把专注在鼻尖、能闻到香味当作是你的目标。

另外一个方法是专注在舌尖。如果你能全神贯注，你会尝到好吃的东西，即使你根本就没有吃东西。如果你没有这种感觉，那表示还有一段长路要走呢！

还有其他许多专注的对象，比如专注在上颚，或是专注在舌头的中间或是后面，或是专注在喉咙部位，你也会得到其他特别的体验。这些体验都能带给你信心，使你觉得已经踏在修行的道路上了，而这些只是有用的方法而已。

३६. विशोका वा ज्योतिष्मती ।

VIŚOKĀ VĀ JYOTIṢMATĪ.

【VISOKA：极乐的；VA：或者；JYOTISHMATI：至高之光】

36 或者，专注在内心至高的喜悦光芒上，也能够使心灵平静。

你可以想象一道明亮的神圣光芒，它是超越所有的焦虑、恐惧和担忧——是你内心一道崇高的喜悦光芒。想象一个发光的地球在你的内心，代表着你神圣的意识。或是想象你的心是一朵正要盛开的莲花，你的心很容易就被它吸收进去了，你会有很美好的体验。开始的时候，你要想象那道光芒，到后来就会变成真的了。

·我的感悟·

३७. वीतरागविषयं वा चित्तम् ।

VĪTA RĀGA VIṢAYAṀ VĀ CITTAṀ.

【VITA：自由、解脱；RAGA：执着、染着、牵挂；VISAYAM：为感觉之物；VA：或者；CITTAM：心灵的特质】

---

37 **或者，专注在伟大的心灵上，将能完全地从感官事物的执着中解脱出来。**

许多人对自己的心灵缺乏信心："啊，我的内心有这么多乱七八糟的东西，怎么能拥有一颗完美的心呢？"这种情况下，你可以想象一位崇高人士的心灵。

冥想在一颗弃绝感官事物的心上，冥想在一颗认识目标的宁静的心上。如果你不能想象你的心是充满光亮的，至少你可以想象这明亮的光在心里。心灵应该安住在高高的、宁静的地方，这是主要的信念。

·我的感悟·

३८. स्वप्ननिद्राज्ञानालम्बनं वा ।

SVAPNA NIDRĀ JÑĀNĀLAMBANAṀ VĀ.

【SVAPNA：梦境；NIDRA：深沉睡眠；JNANA：经验；
ALAMBANAM：注意、专心；VA：或者】

38 或者，专注在梦境及深沉睡眠的经验上。

我们睡觉的时候，有时会梦到神或是展翅飞翔到高处。如果你有过这种梦境，请记住它，让你的心停留在那里，它会带给你同样的平静与专注。如果你从来没有这种梦境，那么想象沉睡中的平静状态。

每一个人在睡眠中都会进入平静安详的境界。当然，那时候的你是没有意识的，当你醒来时你会说："我睡得很熟。"想象那种平静吧。

睡眠本身是惰性的或是迟钝的。所以，你应该去想象睡眠中的平静，而非睡眠本身。如果你开始想象睡眠本身，你该知道你会得到什么了。

有几种建议性的技巧可以使你的心灵平静。但是，巴坦加里知道，人们都有自己的想法，不是每个人都愿意听他的。可能有人会这么问："假设这些建议我都不喜欢呢？这是否表示我什么都得不到呢？"所以，以下巴坦加里这么说，作为这一段的结论。

३९. यथाभिमतध्यानाद्वा ।

YATHĀBHIMATA DHYĀNĀD VĀ.

【YATHA：如同；ABHIMATA：每个选择（欲望）；DHYANAD：借由冥想；VA：或者】

39 或者，冥想在任何能使你提升的方法上。

冥想静坐不应该只求助于你本身，也要求助于能够提升和帮助你的方法。很多人问道：“我应该冥想什么？我应该在何处被启发指引？冥想只有一种方法吗？”巴坦加里清楚地说：“你可以冥想在任何能提升你的事物上。”

如果你能自己选择，就自己选择；如果你不能自己选择，请教一位你对他有信心的人，只有在这个时候才需要一位老师或是启引者，否则就不需要了。这是有好处的，求教于一位已经了解此道者，不要自己试来试去，浪费许多时间。就像在曼哈顿开车一样，假如我想从 84 街开到 96 街，我可能会开进城里后四处漫游，浪费一整天的时间。相反的，如果我询问它位于何处，我会知道方向而直接开到那里。

老师可以指引你，他或她可以很容易地指引你正确的方向。老师同时也能赐福给你，那是更重要的，因为这会带给你动力、能量。通常来说，我们的电池都很弱，老师的电池却永远充满电力，他或她将车子开近你的车，用一条接续电缆在你的电瓶里充一点儿电，你就可以走了。这就是从老师那儿得到的帮助。但是，如果你能用其他方式启动车子，就去做吧，不是只有一种方法才能够启动车子。

४०. परमाणुपरममहत्त्वान्तोऽस्य वशीकारः।

PARAMĀṆU PARAMAMAHATTVĀNTO'SYA VAŚĪKĀRAḤ.

【PARAMANU：最初之原子；PARAMAMAHATTVA：最大之光度；ANTA：结束；ASYA：他的；VASIKARAH：掌控、统治】

---

40 慢慢地，一个人对于专注的掌控，能从最小的原子扩大到最大之无限。

经文的意思是你可以吸引整个宇宙，从最小的原子扩大到无限的空间。阿努（Anu）梵文的意思是“原子”。数千年前，他们就发现原子了。在这里，巴坦加里不仅用“原子”这个名词，而且也表示最初之原子：原子里的原子，或微小的粒子。没有任何东西是你不能知道的，前一节里解释过，借由冥想静坐，你可以吸引任何东西或是所有的东西。

只有到达那种冥想的境界，你才能变成一位瑜伽修行人，并非一个人为冥想而坐在那儿，然后接着就像是去看电影了！不是的，一旦你将自己带入深度冥想后，采用任何前面所说的方法，或你所选择的任何方法，去控制你的心灵，这样去冥想静坐，是不会有困难的。问题仅仅是你要如何选择“冥想什么”——小自原子，大至无限。

४१. क्षीणवृत्तेरभिजातस्येव मणेर्ग्रहीतृग्रहणग्राह्येषु तत्स्थतदञ्जनता समापत्तिः ।

KṢĪṆA VṚTTER ABHIJĀTASYEVA MAṆER GRAHĪTṚ GRAHAṆA GRĀHYEṢU TATSTHA TADĀNJANATĀ SAMĀPATTIḤ.

【KSINA：完全变弱、消逝、衰弱；VRITTER：修改、改变；ABHIJATASYA：天然的、纯洁的；IVA：希望、愿意；MANER：水晶的；GRAHITRI：理解者；GRAHANA：可知的；GRAHYESU：知识、学问；TATSTHA：相似的；TADANJANATA：取……的色彩；SAMAPATTIH：三摩地或安定、和谐的境界】

---

41 **正如同将物体靠近自然纯洁的水晶可以撷取它的形状与色彩一样，瑜伽修行人的心灵变化逐渐减少也会让其变得清澈、安定，达到对于认知者、认知的事物与知识三者没有分别的境界，这种冥想的最高境界就是三摩地。**

"瑜伽修行人的心灵变化逐渐减少"，是指瑜伽练习者为了培养一种思想形式，而牺牲所有其他的思想形式。当你只培养一种想法，所有其他的印象都会变得模糊与细微。以身体为例，如果你只想开发、训练头脑，你很容易就忽略了身体的其他部位。

这让我想起威尔斯（H. G. Wells）说的故事，他形容未来的一代只有大大的头和细小的四肢，就像马铃薯的根部。由于人们不使用四肢，所以就不需要四肢了。这些人只要想"我需要食物"，食物就来了，甚至不需要用手去按开关，因为开关得通过思想完成。

事实上，未来科学所设计出来的车子，或许只要坐进去，然后说："好吧，开车，向前走，快一点，慢一点，停下来……"甚至连这样都不需要了，它们有电流轨迹，如果你想去波士顿，只要拿张波士顿磁卡，插入车子的电脑里，安静坐着，很快你就到达波士顿了。你需要做的就是买些磁卡。不论你要去何处，把磁卡插进机器里，在车内你可以做任何你想做的事——谈生意、聊天或看电视。车子会告诉你："先生，我们到波士顿了。"如此而已，你不需要用到身体的任何部位，所以，慢慢地，它的体积就缩小了。

不仅身体如此，心灵也是一样。如果你不断地借由冥想去开发一种想法，其他的想法和欲望会渐渐消失。就像在我们日常生活中，如果你对某人有兴趣，你会夜以继日地想念他，就算打开一本书，你的心也不会进入书的内容，而是一直想着那个人，慢慢地你对周遭的人、事、物都失去了兴趣。

瑜伽的练习也是如此，我们的专注与冥想应该要像那样。

古印度经书里的一些故事说明了这一点，例如瓦米奇（Valmiki）的故事。

瓦米奇是个拦路强盗。一天，圣人纳拉达（Narada）经过，瓦米奇向前搭讪，说："喂，你的口袋里有什么东西？"

"我没有口袋啊！"

"真是可怜的人，我从来没见过一个什么都没有的人，你一定得交出些东西，否则我是不会饶你的。"

纳拉达说："好吧，我会试着找些东西给你，但是你不认为伤害无辜的人是罪恶的吗？”

“你们这些大师满口谈罪恶，没别的事干啦？我需要过日子，照顾老婆、孩子和房子，如果我只坐在那儿想着道德，我们的肚子可是不会答应的，我一定得有钱，不管是用何种方法得来的。”

“好吧，去做吧，如果这是你的法子，我无所谓。但是，你说要用任何方法得到钱来养你的老婆、孩子，你应该知道那是犯法的，要接受它的后果。”

“我从来就不担心这个问题。”

“你也许不担心，但既然你以犯罪的方法来照顾老婆和孩子，最好问问她们是否也愿意和你一起承担后果。”

“不用怀疑，他们当然愿意，我老婆常说我们是一体的，我的孩子爱我。所以，我为他们所做的一切，他们当然也会愿意和我一起承担后果。”

“也许吧！但是别只是自己这样说，去问问他们来证实吧！”

“我回去问的时候，你会跑掉吗？”

“不会的。”

“好，那你待在这儿，我回去问问。”

于是瓦米奇跑回家，问道：“刚刚有个人问了我一个滑稽的问题，他说我抢东西是犯罪。当然，那是犯罪，但我这么做是为了你们。当你们分享食物时，是否也愿意分担犯罪的后果呢？”

瓦米奇的太太回答说：“照顾我们是你身为丈夫与父亲的责任，你怎么做对我们来说并不重要，我们不负这个责任。我们又没有要你犯罪，你可以做一些适当的工作来养我们啊！总而言之，那是你的事，是你的责任，我们是不管对与错的，我们不愿意分担你犯罪的后果。”

“天啊！我亲爱的孩子，你说呢？”

“爸爸，我和妈妈一样。”

“这是什么样的家庭啊？我原以为你们愿意和我分享一切，可是你们只愿分享我的食物而已，我太失望了，我现在连看都不想再看你们一眼了。”

瓦米奇跑回去扑倒在纳拉达的脚下说：“大师啊，你让我开了眼，我现在该怎么办？”

“你犯了许多罪，你得一一洗涤这些罪恶。”

“请告诉我一些方法。”于是，纳拉达给了瓦米奇启引经文：“好吧，你会念‘拉玛，拉玛’吗？”

“那是什么？我从来就没有听过，我不识字，不会念。你能教给我简单一点的吗？”

“真是遗憾，让我想一想，请看那里。”纳拉达指着一棵树，问瓦米奇那是什么。

“那是玛拉。”（梵文“树”的意思）

“很好，你能念这个字吗？”

“当然，这个简单。”

“很好，找个安静的地方坐着，然后不断地念玛拉、玛拉、玛拉……”

“就这样吗？这样就可以洗涤我所有的罪恶了吗？”

“当然。”

“好吧，先生，我相信你。你已经启引我很多了，你是一位很好的大师。我就从这儿开始，我不想再浪费时间了。”

于是，瓦米奇坐在这树下，开始不断地念：玛拉、玛拉、玛拉、玛拉、玛、拉、玛、拉玛、拉玛……

你瞧！玛拉、玛拉很快就变成拉玛、拉玛了。瓦米奇这样坐了很多年，直到蚁冢将他的身体全部盖住。是的，因为他是如此的专注，忘了四周所有的一切，他的身体变得麻木。这就是三摩地境界所发生的情况。过了好长好长的一段时间，有人经过时，弄乱了蚁冢，于是，圣人瓦米奇脱壳而出。

后来，瓦米奇得到了拉玛神的神迹显示，因而写出了整部英雄事迹的史诗，直到今天，你都可以读到瓦米奇写的拉玛神传奇的故事。

从这个故事里，我们学到了什么？瓦米奇只是专注地念诵咒语，而忘记了一切，所有的罪恶都慢慢地枯竭了。如果你不帮你的植物浇水，结果会怎么样呢？它会慢慢地枯萎而死亡。我们的习性如果没有机会显现，它也会慢慢地枯萎而死亡的。

不需要为了停止一个习惯而搏斗，只要不让它再出现就行了。任何恶习都可以用这种方法移除，由此就可以培养一个好的习性。心灵需要有依附，只要让心灵依附在一件事上（专注），其他的就会慢慢消失了。

最后再来回顾这段经文："瑜伽修行人的心灵变化是逐渐减少的，而达到一种对认知者、认知的事物与知识三者没有分别的境界。""瑜伽修行人的心灵，借由培养而停止对认知者、认知的方法与知识（或者冥想者，冥想的依据或冥想）三者的区分。"

在冥想里，你意识到——冥想的主题、事物及冥想的过程，但现在所谈的这一点是三者合而为一了；或者事物变成了主题，或者主题变成了事物，当事物与主题不再分开时，也就不再有过程了。心灵已经完全被融入，在冥想的构想与事物中失去了自己。

巴坦加里举了一个将事物接近水晶的例子。如果你将一朵红色的花靠近水晶，水晶也会显现如同红色的花朵一般。它和它合而为一了，它接受了它；同样的，心灵接受你在冥想时的念头，就接受了那个样子（形式）。

४२. तत्र शब्दार्थज्ञानविकल्पैः संकीर्णा सवितर्का ।

TATRA ŚABDĀRTHA JÑĀNA VIKALPAIḤ SAṀKĪRṆĀ SAVITARKĀ.

【TATRA：那里；SABDA：声音、词汇、名字；ARTHA：含意、物体、外形；JNANA：知识、理念；VIKALPAIH：假定、设想；SAMKIRNA：结合、混合；SAVITARKA：可以推理的、解释的；SAMAPATTIH：三摩地、沉思】

42 当三摩地的名称、形式与知识结合在一起时，叫作沙维塔卡三摩地，或可推理的三摩地。

从这一节经文开始，巴坦加里再次将几种不同的三摩地境界详细说明。我们还记得第十七节说明的四种显著的三摩地境界——沙维塔卡（Savitarka）三摩地、沙维恰拉（Savichara）三摩地、沙－阿南达（Sa-ananda）三摩地、沙－阿希米达（Sa-asmita）三摩地。

巴坦加里说沙维塔卡三摩地境界能真实地了解一个事物的声音、意义及产生的知识。通常，我们每次听到一种声音，同时会产生三种动作：听到一个字，试着了解由这个字所产生的事物，以及对这个事物的认知。

举例来说，如果你听到“狗”这个字，它会进入脑部，然后试着去寻找固定的模式，如果找到了关于“狗”这个字的模式，你了解到：“是的，狗，我现在听到的这个字和以前听到的这个字是一样的。”于是，你知道“狗”是什么意思。所以字（Sabda，沙布达）、事物（Artha，阿塔）和对这个事物的认知（Jnana，尼亚纳）会同时产生。但是，在沙维塔卡三摩地的境界里，我们可以将它们一个个地分开，不管在任何地方，我们都能掌握过程。

४३. स्मृतिपरिशुद्धौ स्वरूपशून्येवार्थमात्रनिर्भासा निर्वितर्का ।

SMṚTI PARIŚUDDHAU SVARŪPA ŚŪNYEVĀRTHA MĀTRA NIRBHĀSĀ NIRVITARKĀ.

【SMRTI：记忆；PARISUDDHAU：净化、纯洁了；SVARUPA：它自己的本性；SUNYA：空的；IVA：好像曾经是；ARTHA：物体、形状；MATRA：仅仅；NIRBHASA：光亮的；NIRVITARKA：没有深思熟虑的，无法推理、解释】

---

43 **当记忆被净化了，专注事物的知识就会独自发光显现出来，对于其名字和特质已没有区分了，这叫作尼维塔卡三摩地，或称作无法推理的三摩地。**

当记忆被净化了，或无法区分其特质了，那么只有冥想在那件事物的知识上。别管声音、事物，你只有知识。从某方面来说，它给了你知者的知识。

· 我的感悟 ·

४४. एतयैव सविचारा निर्विचारा च सूक्ष्मविषया व्याख्याता ।

ETAYAIVA SAVICĀRĀ NIRVICĀRĀ CA SŪKṢMA VIṢAYĀ VYĀKHYĀTĀ.

【ETAYA：同样的方法；EVA：仅仅；SAVICHARA：有反应的；NIRVICHARA：没有反应的；CHA：以及；SUKSHMA：精致细微的、不可捉摸的；VISHAYA：物体；VYAKHYATA：解释说明了】

---

44 **同样的，前面已经说明，沙维恰拉（有反应的）和尼尔维恰拉（没有反应的）三摩地，是练习专注在精微的要素上。**

在前面两段经文中，我们谈到沙维塔卡和尼维塔卡三摩地。现在有另外两种三摩地，练习的方法差不多，但它们对冥想的事物是更精微的。

· 我的感悟 ·

४५. सूक्ष्मविषयत्वं चालिङ्गपर्यवसानम् ।

SŪKṢMA VIṢAYATVAṀ CĀLIṄGA PARYAVASĀNAṀ.

【SUKSMA：微妙的、不可捉摸的；VISAYATVAM：目的、客观存在的；CHA：以及；ALINGA：不能下定义的、本性；PARYAVASANAM：只有结束在】

45 专注在精微的事物上，最终将回归至无法下定义的境界上（原始纯洁的本性）。

换句话说，比较精微的境界（指心灵特质和自我）最后将回归到原始生命力里，称为本性（Prikriti，普拉克里惕），或没有显现的原始基本物质。在这种情况之下，没有名字、没有形象，也没有思想，只有完全和谐、平静的纯真状态。这时，心灵才有力量融入纯洁本性的根源处。

·我的感悟·

४६. ता एव सबीजः समाधिः।

TĀ EVA SABĪJAḤ SĀMADHIḤ.

【TA：他们；EVA：全部；SABIJAH：有种子、有根源的；SAMADHIH：沉思、冥想】

46 以上所有三摩地都还有欲望的种子，可能会将你再带回来受困，或是让你再受到干扰。

所有以上谈到的三摩地，都尚未达到目的。即使你已经学到了以上所有的境界，你仍然会回归到一个普通的人，因为印象一直存在。也就是说，在你的根本里，欲望的种子还是存在的，并未完全消失，因为你的心灵尚未完全净化。

所以，做深入冥想时，你应该净化你的心，“纯洁的人们被赐福了，他们将见到神”，意思并不是不纯洁就见不到神了。如果他们努力，还是可以见到神的，但由于他们的不纯洁，出现的神有如邪神。他们的视觉被蒙上了色彩，他们无法见到神的本质，他们从错误的角度来看神。如果你写神（God）这个字，从正确的角度去念，他是God（神）；从错误的角度去念，就可能变成Dog（狗）了。不纯洁的心灵就会从错误的角度来念，所以心灵必须要纯净。

学习不同的冥想方法，以及体验各种可能出现的感觉是很好的事。但是，如果你真的很认真地冥想，而且是深度的冥想，一定要有一颗洁净的心灵。否则，你无法进入深度的冥想境界。甚至所谓科学的发现与发明，其实都是专心与冥想产生的结果。科学家在物质层面上、整体元素上冥想，并发现了许多事情，创造发明了许多机器，现在我们都在使用并享用它们所带来的好处。他们不断地深入研究，最后进入分子、原子，这些都是冥想。不用怀疑，他们都称得上是瑜伽修行人。

科学家能深入推测到分子、原子的秘密，但是这些秘密现在变成什么样子了？它变成一种可怕的力量。分子、原子的力量有什么不对吗？没有。我们不能归咎于它们，也不能责备它们，或是停止对分子、原子的研究，是什么应该被谴责呢？是这些有杀伤力的人心，就因为如此，世界才变得恐怖。如果我们要进入生命和宇宙的奥秘里，想控制它们，我们就要有纯洁的心，以便好好地、适当地利用它们。否则，我们会给全人类带来毁灭。心灵的纯净是很重要的。

·我的感悟·

४७. निर्विचारवैशारद्येऽध्यात्मप्रसादः ।

NIRVICĀRA VAIŚĀRADYE'DHYĀTMA PRASĀDAḤ.

【NIRVICARA：尼尔维恰拉三摩地；VAISARADYE：纯洁的；
ADHYATMA：至高的我、真我；PRASADAH：发光】

---

47 在三摩地的最高境界里（尼尔维恰拉），真实自我显现、发光了。

·我的感悟·

४८. ऋतम्भरा तत्र प्रज्ञा ।

ṚTAMBHARĀ TATRA PRAJÑĀ.

【RITAMBHARA：瑞坦巴拉，绝对的真理；TATRA：这是；PRAJNA：意识】

48 这是绝对真实的意识。

在达到纯正、尼尔维恰拉的三摩地境界后，瑜伽修行人会得到“充满真理的智慧”，即瑞坦巴拉（Ritambhara）的意义。这到底是什么呢？以下，巴坦加里继续讲述。

·我的感悟·

४९. श्रुतानुमानप्रज्ञाभ्यामन्यविषया विशेषार्थत्वात् ।

ŚRUTĀNUMĀNA PRAJÑĀBHYĀM ANYAVIṢAYĀ VIŚEṢĀRTHATVĀT.

【SRUTA：听、读经文；ANUMANA：推论；PRAJNABHYAM：来自知识；ANYA：完全不一样；VISAYA VISESHA：特殊真理；ARTHATVAT：认知】

---

49 这个特殊的真理与聆听、研读经文或推论认知所获得的知识是完全不一样的。

当你达到绝对真实的意识（瑞坦巴拉·普拉尼亚，Ritambhara Prajna）时，你不需要读书，就可以了解所有的事了。当你的心通过恰当的专注练习而超越时，你就能感觉到宇宙的力量或是神了。

你可以检视一下你的经验，与经文里或是大师、圣者的箴言来印证，它是通过你的经验而认识的。直到那个时候，所有你听到的、读到的和看到的都是由你的心灵去察觉的。体验神唯有以一颗纯正、真诚、超越的心。心是无法了解神的，因为心是实质的，实质无法了解比实质更精细的事。

西方心理学只谈心灵，说道："除非由心灵去理解，否则无法认识一些事情。"同时又说："你无法借由心灵去认识所有的事情。"这就是全部了，它停在那儿了。但是，瑜伽告诉你，你可以不靠心灵去认识一些事情，有一些更深奥的学问是无法通过心灵去认识的。

《曼杜加奥义书》（Mandukya Upanishad）说："不在知识里面，不在知识外面，不是知识本身，不是无知识。"这些全部都是反面的表达，你无法领会、无法思考，也无法用符号记下来，它既无形象又无名字，你根本无法解释。

可能有数百人聆听某人谈神，他们可能坐着听上好几个小时，但那全是无稽之谈。是的，他可能谈到了神，而他们也只是听到了神。他可能谈到的只是他心中所认识的神，而他们也只是以他们自己的心去领会神，仅此而已。

没有人能谈到真的神，没有人了解真的神，因为他是无法被说明的。所以，在绝对真实的意识境界里，你超越心灵所得到的知识就是了解。为此，心灵必须完全平静。这就是为什么在印度神话里，有位神的形象是达克辛纳摩尔第（Dakshinamoorthi），他坐在四位弟子的前面。他们都是来学习的，已经念过所有的吠陀经书以及奥义书，听到所有该听到的，但他们仍然不懂得真理。所以，他们前来求教于达克辛纳摩尔第，请他开示至高的婆罗神（无形象之神）。达克辛纳摩尔第只是静静地坐着。过了一会儿，他们站起来，向大师鞠一躬，说道："大师，我们了解了。"说完即离去，因为只有在静默中才能解释他。

"不能显现的至高真理，只能以静默来解释，不是靠文字或言语。"不是只有身体的平静，而是真实精神上、心灵上的平静，智慧才会显现曙光。

५०. तज्जः संस्कारोऽन्यसंस्कारप्रतिबन्धी ।

TAJJAḤ SAṀSKĀRO'NYA SAṀSKĀRA PRATIBANDHĪ.

【TAJAH：从那一点、从此；SAMSKARAH：印象、意念；ANYA：其他；SAMSKARA：许多印象；PRATIBANDHI：擦掉、抹掉】

---

50 这个三摩地所产生的印象将其他所有的印象全都抹掉了。

你从"绝对真实的意识"所得到的三摩地印象，会妨碍、干扰所有其他的印象。所有的事物都有消失死亡的一天，不再回来成为一个普通的人，不再对真实的本性无知。当你到达这个境界，就能一直记得这个知识。在这个境界里，你成为一位"吉凡木克塔"(Jivanmukta)，即开悟的智者。吉凡的意思是活着的人，木克塔的意思是已获得解脱，整句话的意思就是一位解脱的活人。虽然和其他人一样地过日子、吃东西、说话，但你是解脱的。

一位得到解脱的活人，可以做任何的事情，他不需要在山洞中冥想静坐，这个人可能在时代广场，但他依然是一位解脱的人。一位开悟的智者是为了人类而活在这个世界上的，没有任何个人的欲望。

对得到解脱的人来说，对任何事物都不会感到兴奋。有一句美丽的坦米尔诗句说："如果他在大白天看到了月亮的寒光，或死了三天后又从坟墓里爬出来走路的人，他不会怀疑'哦！那怎么可能呢？'"

对已解脱的人来说，没有什么需要兴奋的，因为一切都是自然的幻象或本性。

在宇宙之间，许多事情会发生，已解脱之人是不会担心的。他们只是将“金色献礼”（大师之灵性著作）拿在手里，由更高的意志所促使做他们该做的，然后走开，他们不会对任何事物产生依恋。在那个境界里，没有印象、没有旧的思想会将他们再带回来过一般人的生活。虽然他们显现得如同普通人一般，但其所有精神上的“印象种子”已完全消失，他们永远会停留在那无牵无挂的境界里。

·我的感悟·

५१. तस्यापि निरोधे सर्वनिरोधान्निर्बीजः समाधिः ।

TASYĀPI NIRODHE SARVA NIRODHĀN NIRBĪJAḤ SAMĀDHIḤ.

【TASYAPI：即使这样；NIRODHE：擦掉、抹掉；SARVA：全部；NIRODHAN：擦掉、抹掉；NIRBIJAH：无核的、无欲望种子、无根源的；SAMADHIH：天人合一、忘我之境】

51 当这个印象被抹去时，所有的印象就全都被抹去了，那就是无欲望种子的三摩地。

最后，巴坦加里说到了三摩地的最高境界。即使到了“绝对真实的意识”境界，难以捉摸的心已能控制，但智慧和智者之间仍然是有区别的。即使是“我已认识神”的感觉都应该放掉，你才能完全解脱。

当你达到了无欲望种子三摩地（Nirbija Samadhi）的境界，即天人合一、忘我之境，你已经不再有生死困惑，已达不朽之境界了。

·我的感悟·

练习篇

SADHANA PADA

此篇谈的是瑜伽的练习，巴坦加里以克丽雅瑜伽（Kriya Yoga）的教导开始。你可能听过“克丽雅瑜伽”这个名词，它是由尤加难陀·帕拉玛汉沙大师（Sri Swami Yogananda Paramahansa）倡导的。但是，请你不要与巴坦加里的克丽雅瑜伽混淆。

尤加难陀·帕拉玛汉沙大师说的是一种将呼吸及诵经混合在一起的瑜伽。巴坦加里则提出一些实际的指引，要我们在日常生活里遵循，以获得更精微的练习。

在“三摩地篇”中，巴坦加里以理论方式探讨，并告诉我们瑜伽的目的，就是学习控制心灵的变化或思想形式。而在其他篇中分成几个类别：不同种类的思想形式。如何练习去控制它和不同的超意识境界，在无欲望种子三摩地的最高境界中体验结果。不过，要进入三摩地境界不是那么容易的。所以，巴坦加里在这一篇里告诉学习者，不用害怕，但要为自己打好基础，以慢慢达到这个层次。于是，巴坦加里在这一篇里提供了一些简单的指引。

१. तपःस्वाध्यायेश्वरप्रणिधानानि क्रियायोगः ।

TAPAḤ SVĀDHYĀYEŚVARA PRAṆIDHĀNĀNI KRIYĀ YOGAḤ.

【TAPAH：苦行（接受净化时的痛苦）；SVADHYAYA：读灵性书籍；ISVARA：神；PRANIDHANANI：顺服、降服；KRIYA YOGAH：练习之瑜伽】

---

1 瑜伽的练习包含苦行、诵读经书、向神顺服。

以梵文来解释克丽雅瑜伽（Kriya Yoga）这个名词，包含了塔帕思（Tapas，接受净化时的痛苦，即苦行）、斯瓦地雅雅（Svadhyaya，读灵性书籍）和依思瓦拉普拉尼达南（Isvara Pranidhanam，向神顺服）。

“苦行”往往被误解，因为它常被解释为禁欲、抑郁或严肃、苛刻，这里却有不同的解释——燃烧或创造热量，任何东西在被燃烧时就净化了。

举例来说，金子在火中越燃烧越纯净，因为燃烧过程中会去除一些杂质。但是燃烧的过程要如何影响我们原本的不纯净呢？即接受我们遇到的所有痛苦，虽然我们心的本性是追逐享乐的。事实上，如果我们记得这是净化的结果，我们会因接受痛苦而快乐的。这样的接受可以使心灵稳定并强壮，虽然很容易带给别人痛苦，也会因为没有回报而难以接受。很明显，这种自我纪律无法在冥想中练习，而要在日常生活中进行，因为我们与其他人的关系是相连的。

“苦行”也可以解释为自我纪律。心灵犹如一匹拴在马车上的野马；想象身体是马车，智慧是马车夫，心灵是驾驭、统御，马是感官，真实的你是马车上的旅客。如果这匹马被允许在没有马车夫驾驭的情况下奔驰，这趟旅程对旅客来说是不安全的。所以，在开始的时候，感官的控制好像会带来痛苦，但终将以快乐结束旅程。

如果“苦行”在这样的解释中能够被了解，我们会期盼痛苦，甚至会感谢造成这种痛苦的人，因为他们给予我们稳定的心灵以及燃烧不纯洁之物的机会。

《薄伽梵歌》第十七章里，奎师纳神（Krishna）谈到苦行，他说：“那些受严格节制、并未依经书嘱咐去练习的人，催促而表现出伪善和自大的人，那些没有感觉的人，那些折磨身体的人……这些都是恶魔的判决。”

为了接受净化时的痛苦，人们常以自我折磨来练习。在东方，有苦行者躺在钉床上，或是一只手臂伸向天空，如此手臂可以越来越瘦，最后退化。这些都是自我折磨的形式。奎师纳神说这些人都是魔鬼，因为他们扰乱了住在他们体内的纯洁自我。自我纪律可以帮助心灵成长，而自我折磨则是一种障碍。

奎师纳神将真实的“苦行”分为三类：身体、言辞及精神上的苦行。他将朝拜、净化、正直、禁欲、不伤害归类为身体的苦行。

很多人一听到“禁欲”这个词，就变得惊慌、气馁，立刻下了结论，身体接受净化时的痛苦过程并不适合他们。但是，禁欲的意思是控制，并非对性欲或性能力的禁止。

如果心灵能够借由冥想、重复诵经、祈祷、读经书、无性欲的沉思默想，以充满崇高的思想纯净自我，性欲将因心灵的内敛而不再有活力。若仅是一味地抑制性欲，将更难摆脱欲望的控制，反而易做邪淫的梦、容易生气、心浮气躁。所以，心灵需要先净化，然后感官就容易控制了。如果只是严格地控制感官，反而会增加困难，难以提升灵性。

“苦行”还包括“言辞上的修行”，言辞应该可以带来平静、真实、愉悦和益处。《吠陀经》里说：“说真实的，说快乐的。”一个人不应该说“真实但不愉快的”或“快乐而虚假的”话。如果某件事是真实而不快乐的，应该以适当的方式将它变得更快乐些。所以，奎师纳神所形容的精神修行，是心灵的稳定、善良、自我控制、净化本性。

接着要谈的是“阅读灵性书籍”，即真实自我的学习，并非仅仅如心理学家所分析的精神与心灵的学习，任何能提升心灵、发觉自我本性的书都应该研读。如《薄伽梵歌》《圣经》《古兰经》《瑜伽经》……

读书并非一页一页随意地翻阅，而是要了解每一个字的意义，用心去读。越常读它越能了解它。几千年来，这么多人读过《圣经》，而且每天都有无数人读同样的一本书。另一方面，有很多书在读过一次后便被当垃圾丢弃，而《圣经》即使念几百遍也不会厌倦，每次念它都会有新的领悟，这就是圣书伟大之处。这些书之所以伟大，是因为它们由已经体验过真理的圣人所撰写。每次念这些书，我们都能提升自己，让自己看得更广、更深。就像去帝国大厦，当你从第一层楼往外看，会看到一些东西；从第二层楼往外看，你看到多一点儿的东西；从第三层楼往外看，又多了一些。当你到达第一〇一层时，你看到的已完全不一样了。同样的，念圣典，我们可以慢慢地提升自己，开阔我们的心灵。

心灵提升得越多，我们越能了解其中的智慧。只有当我们自己变成智者，才能完全认识经书，这是大自然的定律，就如同你想要完全了解我，你得变成我。否则，你只能依你的理解认知来认识我。同样的，神是不能只借由书籍来认识的，只有当你变成神的时候，你才能了解他。

有一个泰米尔（Tamil，印度南部及斯里兰卡东北部的一族）谚语说："只有圣人了解圣人，只有蛇知道另一条蛇的腿。"你无法体会蛇是如何爬行的，除非你变成一条蛇。我们可以倾听事情，研读它，组织成自己的见解，或用我们自己的想象力，但这完全比不上真实的经验。很多人简直变成了移动图书馆——他们将几千本书记录在脑子里，像电脑一样，但并不能说他们真正体验了自我，因为要认识自我不能只靠理论。只靠想象很难了解内心深处的自我，只有当你跳脱自我（掏空自己），才能认识真正的自己。这就是瑜伽与其他心理学探索追求的不同之处。

其他心理学通常认为，你必须以心灵去了解所有的事，越过心灵的部分，你就无法了解。他们就只能停在那儿，但瑜伽宣称有一种知识可以不用到心。所有必须通过心的事物都是有限制的、有条件的，一颗有限制的心如何能了解一颗不受限制的心灵呢？只有超越才能进入无限的境界。

读书是好的，但它的目的不只是为了逻辑、引证或争辩。事实上，只有从自己的经验来引证，你说的话才有分量。罗摩克里希那·帕拉玛汉沙大师（Sri Ramakrishna Paramahamsa）曾经说过："忘掉全部所学的，再次变成小孩子，这样才比较容易了解其智慧。"如果你不知道自己在学什么、学多少，学习可能会变成一种障碍。所以，不需读太多的书，只要选择一两本书——任何可以提醒你目标的书，并进行实际的练习。

"克丽雅瑜伽"(Kriya Yoga)的最后一章简单又伟大，那就是向神顺服，意思是将你行为的成果奉献给神或人类（神的化身）。奉献所有的东西给神——你念的书、你的祈祷、你的练习。当你把这类东西给了他，他接受了，他会加倍还给你，你绝对不会有所损失。如果你以自我、利己的心来做这件事，即使有操守、有价值的事，也会以某些形式来束缚你。如果每做一些事，心里都能默念"愿以此奉献给神"，心灵就会获得自由与宁静。

试着不要为了自己而拥有任何东西，要觉知到你只是一个受托人，暂时留住东西，而非一个拥有者。就像母亲接纳了一个灵魂（怀孕），给予营养，照顾他十个月，然后让其来到这个世上。如果这个母亲想一直占有这个婴儿而不让其出生，结果会怎样呢？那会有很大的疼痛。事物一旦成熟，就应该顺其自然地持续往前。所以，奉献是真实的瑜伽。

要说“我是你的，全部都是你的东西，是你的”就行了，如果总是说“我的”，就有束缚；“你的”，即可解脱。如果你完全放弃“我的”，那似乎又贬低了你的生命，或是如同脸上挨了一拳。但假如你能将“我的”改成“你的”，你就永远平安无事了。

为了人类，让我们奉献生命，用每一次的呼吸、身体内的每一个分子来重复诵念：“奉献，奉献，给予，给予，爱，爱……”这是最好的祈祷文，最好的瑜伽，将带给我们永久的平静和喜悦，让我们的心灵不再受到任何打扰。

२. समाधिभावनार्थः क्लेशतनूकरणार्थश्च ।

SAMĀDHI BHĀVANĀRTHAḤ KLEŚA TANŪKARAṆĀRTHAŚ CA.

【SAMADHI :三摩地、沉思、禅定；BHAVANARTHAH :进入；KLESA：障碍、阻碍；TANUKARANARTHAH：极小、减至最小；CHA：和】

---

2 瑜伽的练习帮助我们将障碍减至最低，以达到三摩地境界。

巴坦加里解释为什么需要练习“克丽雅瑜伽”(Kriya Yoga)：为了将阻碍降至最低，以达到三摩地境界。他把所有的事以简单的词汇表达出来，但我们应该知道并记得克丽雅瑜伽的极大重要性。没有这些，我们很难克服障碍而达到三摩地境界。

我们练习哈达瑜伽（体位、伸展、呼吸之练习）、加帕瑜伽（虔诚祈祷），并住进瑜伽道场及学院内修习，这些都是克丽雅瑜伽的一部分——为了准备禅定修行及达到三摩地境界。

· 我的感悟 ·

३. अविद्यास्मितारागद्वेषाभिनिवेशाः क्लेशाः ।

AVIDYĀSMITĀ RĀGA DVEṢĀBHINIVEŚĀḤ KLEŚĀḤ

【AVIDYA：无知；ASMITA：自我中心、自我本位；RAGA：执着、牵挂；DVESHA：憎恶、敌意；ABHINIVESAH：坚守形体的生活；KLESHA：障碍、阻碍】

3 无知、自我中心、执着、憎恶和坚守有形体的生活，是练习瑜伽的五大障碍。

在此，巴坦加里告诉我们练习瑜伽的五大障碍。他在下面的瑜伽经里一一做了介绍，介绍的顺序也是有意义的：由于自我的无知，产生了以自我为中心的本位主义；由于以自我为中心，而对事物产生了执着，执着于自我享乐；由于我们所执着之事物未能如愿或被带走了，于是其阻挡者就成为憎恶的对象；最后，由于我们对事物的喜爱、执着又害怕死亡，于是坚守着有形体的生活。

·我的感悟·

४. अविद्या क्षेत्रमुत्तरेषां प्रसुप्ततनुविच्छिन्नोदाराणाम् ।

AVIDYĀ KṢETRAM UTTARESAṀ PRASUPTA TANU VICCHINNODĀRĀṆĀṀ.

【AVIDYA：无知；KSHETRAM：领域；UTTARESHAM；跟随的其他方面；PRASUPTA：潜伏的；TANU：薄弱、柔弱；VICHCHHINNA：中途被打断、截取；UDARANAM：持续的、持久的】

---

4 无知是其余几项障碍的温床，不论它们是潜伏的、薄弱的、中断的或持续的。

我们可从小婴儿身上看到第一类障碍的例子，因小婴儿的障碍完全处于沉睡、潜伏状态。当你看到婴儿，会觉得“他好纯真啊！”看起来是如此。但当小婴儿长大了，他与生俱来的本性会显露，不会一直都天真烂漫，在他心中潜伏的无知和其他的障碍会渐渐浮现出来。

一位常练习瑜伽者的心境可以作为第二类障碍的例子——薄弱或微弱的层面。这样的人还没有完全脱离障碍，障碍还是在心中，以微妙、不可捉摸的形式、迹象存在。它们沉在精神、心之湖底，由于不被使用而变得非常薄弱、模糊不清。

第三类障碍的发展与形成可由瑜伽初学者的心灵看出。由于对道德品质（如爱、真实、纪律、愉悦等等）的不断练习，障碍被暂时压了下来。但如果一不小心，就算只是练习中断了几天，障碍还是会立刻浮现。

第四类可由一般人的情况发现。障碍不断地涌现，他们的心每分钟都会被障碍所影响。他们无法超越，因为他们没有力量去控制它。

分析我们的心境，大概可以看出我们有没有完全潜伏的障碍。是有迹象，但是被隐藏了？我们是否不断地培养好的道德品性来控制障碍，或者是我完全被它们所控制？

这里有一个不同境界的例子。想象在俱乐部里有一个表演节目，有朋友邀请你一起去看。你被吸引得想去看了，但最后你决定："我看过这类节目几百次了，再看一次又能得到什么呢？不去了，还是去听拉加瑜伽的演讲吧！"障碍在那儿，你把它击败了，那就是"中途截断障碍"的阶段。

如果一直保有这样的纪律，障碍会隐藏起来；但是，迹象仍然在那儿，偶尔会提醒你："为什么我不应该去俱乐部呢？"一个轻微的迹象很容易就可以克服它。"不，我不去。"它只是出来提醒你："我仍然在这里。"那就是"薄弱"阶段。

对一般人来说，想到要去俱乐部的那一瞬间，两脚立刻向它走去，而人只是跟随着走。之后，也许他们又走向了隔壁的酒吧等等。所以，障碍是"持续的"。

५. अनित्याशुचिदुःखानात्मसु नित्यशुचिसुखात्मख्यातिरविद्या ।

ANITYĀŚUCI DUḤKHĀNĀTMASU NITYA ŚUCI SUKHĀTMAKHYĀTIR AVIDYĀ.

【ANITYA：非永久的；ASUCHI：不纯净的；DUHKHA：痛苦的；ANATMASU：非我、无我；NITYA：永久的；SUCHI：纯真；SUKHA：愉悦的；ATMA：自我、自己；KHYATIR：认识；AVIDYA：无知】

---

5 无知就是把短暂视为永恒，把不纯净当作纯净，把痛苦当作快乐，从而将非我当作自我。

现在，巴坦加里将解释什么是无知。如果让你看一个你从来都没看过的水果，你会说："我完全不认识这种水果，我不知道它是什么。"这只是一般的无知，和巴坦加里所说的无知是不一样的。最后，他提到的基本无知是"将非我当作自我"。

什么是自我？什么是非我？自我是永恒不变的，会出现在各处，是个基本的物质。事实上，所有的东西都什么都不是，只不过是自我。由于我们的无知，我们视它们为不同的东西。如此一来，我们把会改变的外表当成不会改变的真理。当有东西改变时，那就不是自我。

举例来说，我们的身体每秒钟都在改变，我们却依然把身体当作我们的自我。如说到一些句子——"我饿了"或"我是瘸子"、"我是黄种人"、"我是白种人"，这些指的都是身体的情况与特质。当我们说"我身体痛"，我们说的是真的，但却暗示了那个身体是属于我们的。因此，我们不是那个身体。

很不幸，我们常说："'我'病得非常非常严重。"到底是谁生病了？

如果是身体痛，那么是身体生病，不是你。任何时候，当我们忘了这个真实的情况，我们就卷进了非我的状态，这是基本的无知。我们对心灵也犯了同样无知的错误，说“我很快乐”、“我是无知的”。感觉快乐、害怕或生气，懂得很多或什么都不懂，都是心灵的认知与感觉。了解了这一点，这世上再也没有东西可以打扰我们了。

事物会接近或离开我们，但我们知道我们与它们无关——我们知道我们不是它们。任何情况之下，我们可以唱：“知识是喜悦的，知识是福气的，喜悦、福气是确定的；任何情况之下，我就是知识，喜悦、福气。”那么，是谁在练习瑜伽？谁在祈祷？谁在冥想静坐？是心灵与身体。“你”不需要做任何练习。一旦你全然了解到这一点，连祈祷也变成了无知的事。但是，现在我们可以用无知来摆脱无知；以好一点的无知去舍弃糟一点的无知。分析到最后，只有认知可以去除无知的黑暗。

在经书里有这样的一个故事。有一天，在微亮的曙光中，有一个人走进了他家的后院，突然在黑暗的角落中，这个人看到了一条缩在一起的蛇。由于害怕，他大叫：“有蛇！有蛇！”许多人听到了，拿着棍子赶过来，他们慢慢地走向那个角落。有一个秃头的人拿着一根特别长的棍子，对着蛇用力打下去，结果什么事也没发生。这时，一个老人提着灯笼走过来，他把灯照向这条“蛇”。灯光下，人们看到的是一条卷着的绳子。老先生笑着说："看看你们这群瞎了眼、在暗中摸索的人，这儿什么都没有，只是一卷绳子，你们却把它当成了一条蛇。"

如果要知道那是一条绳子而不是蛇，是需要亮光的。我们也是一样，需要亮光——智慧之光。有了这个光，你可以看清世界，世界不再是你所看到的世界，所有我们叫作"非我"的特质，将出现在它们真实的本性里。

我们以此类推，去了解另一个观点。黎明是最危险的时刻，为什么？因为事物在全部黑暗中，不论是绳子或是蛇，人们都看不见；天色大亮时，绳子当然是清清楚楚的绳子；只有在昏暗的光线下，人才会将绳子错看成蛇。

如果你是完全的无知，即使在黑暗中摸索，你也看不到"绳子"——看不到这个世界的痛苦——所以希望知道真相。所以，瑜伽既不是为了已获得光明的人，也不是为了什么也不想知道、完全无知的人，而是为了处于两者之间的人。练习瑜伽是为了去除无知。

६. दृग्दर्शनशक्त्योरेकात्मतेवास्मिता ।

DṚG DARŚANA ŚAKTYOR EKĀTMATEVĀSMITĀ.

【DRIG：看者（真实自我）；DARSANA：看的工具；SAKTYOR：能力、动力；EKATMATA：本人、本体；IVA：就好像；ASMITA：自我中心、自我主义】

---

6 以自我为中心，就好像是看者（真实自我）的能力，并以此工具（能力）去看（身心）。

在这里，巴坦加里解释什么是以自我为中心（自我主义）。自我是真实自我在心灵上的反映，两者似乎是一样的；其实，一个是原始的，另一个是复制的映象。

自我永远会因以自我为中心而表现错误，直到我们的无知被移除。我时常引用两个“I”字——小写的“i”（小我）和大写的“I”（大我），有什么区别呢？只是一个小点，一点自我的缺点。大写的“I”只是纯粹的一笔，就如同最高的真理永远是简单而纯真的。是什么限制了我们，而让我们变小？只是那一个小点而已（小写 i 字上面的那一个小点）。没有那一点，我们永远都是很好的，永远是大写的“I”（大我）。所有的瑜伽练习都只是为了去掉那一个点，多么简单啊！

在我们的生命中，所有的困难与混乱都可不花时间去除，只要去掉那一点就好，但准备的工作却得花上一段时间。有许多时候，我们往上爬的目的只是为了滑下来。有的时候，我们一直往上提升自己，却忘了带橡皮擦把那一点擦掉。所以，我们必须再下来。

७. सुखानुशयी रागः ।

SUKHĀNUŚAYĪ RĀGAḤ.

【SUKHA：快乐、享乐；ANUSAYI：跟随而来、接下来；
RAGAH：执着、牵挂、依恋】

---

7 有了享乐经验之后，执着随之而来。

·我的感悟·

८. दुःखानुशयी द्वेषः ।

DUḤKHĀNUŚAYĪ DVEṢAḤ.

【DUHKHA：痛苦；ANUSAYI：跟随而来；DVESHAH：憎恶、厌恶】

8 有了痛苦的经验，憎恶随之而来。

执着、迷恋于享乐是另外一种承受痛苦的障碍。我们执着于享乐，是因为我们期待从那儿得到快乐，我们忘了快乐永远存在于真实自我里。

当我们期待自外在的事物得到快乐时，我们对那些事物就产生了执着、迷恋；但当我们发现这些事物会让我们不快乐时，就会对它们产生憎恶、厌恶。这一个我们喜欢，是因为它好像可以带来快乐；另一个我们不喜欢，因为它好像会带来不愉快。所以，执着与憎恶，喜欢与不喜欢，在灵性道路上都是障碍。

每一个人都希望快乐，我们是否能找到任何不希望快乐的生命？在大热天，即使你把一只小毛虫放在太阳下，它也会立刻爬向阴凉处；如果我们将一盆植物放在室内，它会慢慢地将叶片转向亮光处，因为它也要快乐。

快乐好像是这个世界所有生命的基本需求，但却很少有人能找到它。为什么呢？因为快乐就像麝香。古代的圣书里曾描述关于这种动物（鹿）的寓言，在它的额头上方有一个气味点，会散发出麝香的香味。它却为了找寻这种气味而跑来跑去，浑然不知这种气味是发自自己的额头。同样的，其实快乐早已存在于我们的内心。不论我们到哪里，都会将快乐反映在人和事物上。

当我们看到一张微笑的脸，会感觉快乐，那是因为微笑的脸反映了我们的快乐。就像一面洁净的镜子能照出我们美丽的脸庞来。于是，我们会说：“它让我快乐。”如果我们的快乐表情以一种扭曲的方式反映出来，我们会说：“我不喜欢那个人。”这绝对是胡说。没有人能够给予我们快乐或不快乐，他只能反映或扭曲我们自己内在的快乐。

·我的感悟·

९. स्वरसवाही विदुषोऽपि तथा रूढोऽभिनिवेशः ।

SVARASAVĀHĪ VIDUṢO'PI TATHĀRŪḌHO'BHINIVEŚAḤ.

【SVARASA：依他自己的潜力；VAHI：流转、流动的；VIDUSHO'PI：即使以聪明的；TATHARUDHO：存在、生存；ABHINIVESAH：对生命执着】

9 由于过去经验的累世流转，对生命产生了执着，即使聪明人也一样。

接下来的障碍是对生命的执着。这里我们也可以找到再生的本性线索。

许多西方人不相信轮回之说。他们认为："一旦死了，一切就结束了。"但是，瑜伽哲理提醒我们，所有的知识都来自经验。没有经验，我们就无法了解或学习任何事情。即使是书本也只能提醒我们曾在过去经验过的一些事，帮助我们点燃内在已有的火种。火种一定已经先存在那儿了，才能以点火器点燃。

举个例子，你可曾吃过一种叫沙波迪拉（Sapodilla）的水果（译注：赤铁科常青树的果实）？这是在印度孟买某些季节盛产的一种水果，软软的，很好吃。即使我花三个小时解释这种水果和它尝起来的味道，你也不会了解，因为你从来没有吃过。

知识只会从经验得来。如果你让一个婴儿爬上桌面，当他爬到桌边，正要掉下来的时候，他会叫，为什么？因为他怕掉下来会摔死。"掉下来会摔死"这个念头怎么会进入婴儿的心里呢？他怕死是因为他曾经死过。有些人可能会说："那是本能罢了。"但是什么是本能呢？瑜伽说本能是重复多次经验的纪录，这个印象潜藏在心之湖底，却没有完全被拭去。不要以为你曾经忘了什么事，其实，所有的经验都被储存在心里，在适当的时机会再度浮现。

当我们习惯性地重复做一些事，且延续了很久，做这些事就会变成习性，这个习性延续很久后，末了，也许在另一个生命里，它以“本能”的形式出现。

很多人可能都玩过吉他。当你刚开始学习的时候，你可能为了让手指放在正确的位置而在吉他上做音符记号。你每次弹的时候，就会看一看符号，看看要弹哪一根弦。但是，几个月以后，你非常熟悉了，可以一边谈话，一边弹吉他，连看都不需要看、想都不需要想了。怎么回事呢？经验变成了习惯，最后习惯变成了习性。也许在你的另一世里，你可以毫不费事、轻易地弹吉他。人们不都这么说的，“他是天生的吉他手啊！”同样的，我们所有的本能都是我们曾经经验过的，这就是为什么对死亡的恐惧依然存在。我们已经死过几百次、几千次了，知道死亡的痛苦。所以，一旦进入一个身体，我们会很爱它且害怕离开，因为我们对它有了感情的执着、依恋。

有些人有很老很老的车子，像 1943 年的道奇车。即使给他们最新的道奇车，他们也不想要。也许你会这么说：“你的车已经不行了，可能会造成塞车，因为你一小时只能开十公里，而别人的车一小时可以开五十五公里，你需要一辆新车了。”交通管理局可能会强行拖走他的车，把它丢在废车厂，但车主会坐在车子旁边悲伤哭泣。对身体的执着就如同对车子的执着、迷恋。

神的管理规则是这么说的：如果衰老的身体被强行带走了，他必须给你一个新的身体。很多人都不了解这一点，仍坚守着身体，即使它已衰老至死。那恒久不变的执着、依恋破碎了，又会再次执着、依恋，再次破碎，这就是为什么我们那么怕死了。这又是我们对真实本性无知的另一个障碍。所以，所有隐藏的、薄弱无力的、会中断的或持续不变的障碍，都应该慢慢地舍弃。唯有如此，我们才能继续向前迈进。

·我的感悟·

१०. ते प्रतिप्रसवहेयाः सूक्ष्माः ।

TE PRATIPRASAVA HEYĀḤ SŪKṢMĀḤ.

【TE：这些；PRATIPRASAVA：还原至原来的动机；HEYAH：毁坏的；SUKSHMAN：精微的、细腻的】

10 在精微的思想形式里，这些障碍都可以借由回归至最初的起源处（自我中心）而去除。

·我的感悟·

११. ध्यानहेयास्तद्वृत्तयः।

DHYĀNA HEYĀS TAD VṚTTAYAḤ.

【DHYANA：借由冥想；HEYAH：毁灭；TAD：他们的；VRITTAYAH：活动变化】

11 在自我中心思想活跃的状态下，可以借由冥想静坐将障碍消除。

潜藏在内心深处的思想分为两个层次：其一是潜在的思想形式，也就是在思想浮现、付诸行动以前的状态；其二是外显的行为表现，已付诸行动。

先控制外显的行动比较容易，再由比较清楚明确的整体情况渐渐进入精微的境界。

潜在的思想形式无法用冥想去除。当你冥想在显现的印象时，无法用冥想来消除这些障碍，但你可以看见并且清楚地了解它，控制那不论是否显现的行动。你可以追溯到精微的思想处而直接去看它，你将发现“以自我为中心”是所有妨碍思想的根源。但当你将心灵超越到比较高的三摩地境界，自我中心的思想就消失了；当你放掉了自我中心思想，所有印象也会消失。但是，在到达那个境界以前，印象是不会轻易消失的。

就像使用阿沙佛提达（Asafoetida）草药，可以帮助消化，控制胀气。在印度，它被用在咖喱粉里，存放在泥盆里。但是，它的味道太重了，就算把盆子洗上几百遍，还是有味道。你要怎么消除这个味道呢？唯一的方法就是将盆子打破扔掉。因为在精微的思想里，味道还存在于“自我中心”里。当它浮现的时候，你只能知道、闻到和看到那思想。想要完全摆脱这印象，你得打破（去除）这个“自我中心”。

所以，你首先要清洁表面的东西，最后再将盆子打破。借由冥想，你将了解思想的形式，然后将它们清洁干净。此后，当你对于障碍在哪里、它们是怎么一回事有一定的认识时，就可以慢慢地追溯到它们的根源，然后把它们铲除。如果你想将一棵树连根拔起，你得先折断树枝，然后才能挖到树根。

·我的感悟·

१२. क्लेशमूलः कर्माशयो दृष्टादृष्टजन्मवेदनीयः ।

KLEŚAMŪLAḤKARMĀŚAYO DṚṢṬĀDṚṢṬA JANMA VEDANĪYAḤ.

【KLESA：障碍；MULAH：根源；KARMASAYAH：卡马沙亚，业的储藏所或温床；DRISHTA：今世、现在；ADRISHTA：来世、未来；JANMA：世、诞生；VEDANIYAH：有经验的、经验过的】

12 卡马沙亚是所有障碍（业）的储藏所、根源，业会将过去的经验带到今世及来生。

巴坦加里在这里试着解释什么是业（Karma，卡马），如何储藏与运作。梵文“Karma”（业）字包含两个意义：行动的因和行动的果。

当你造了一个因时，你会得到一个果。但是，通常“业”指的是过去行为的反应。每一个行为都会有它的结果；每一个动机都得承担它的影响。无法得知哪一个先来。

举例来说，树是怎么成长的？先播种，但是你得从另外一棵树那儿得到种子。哪个先，是树还是种子？是先有鸡还是先有蛋？不可能找到答案的。

同样的，我们不可能知道业的起源，没有人知道它从何处开始，如何开始。但是，它在这里，我们看到它，我们应该试着替它做个了结。所以，没有行为是没有反应的，它们不会走开，而是被储藏起来了。储藏业的地方叫作卡马沙亚（Karmasaya），即业的温床、储藏所。业会等待机会显现出来，并带来结果。障碍造成这些业，可能在现在或是将来的生命里显现。换句话说，业可能被看见或是看不见。

根据业的数量，我们会有许多次的出生。但是，并非每个业都需要有独立的一世来解决。一个强而有力的业需要一个身体，其他近似的业可以利用此媒介物加入。这有一点像出租车司机在机场载了许多人，而不是只载一个人。

开始的时候，一个人招呼出租车，然后一些同路人也一起搭乘这辆出租车。在前往市区的路上，沿途到达目的地的人一个一个下车。同样的方式，一个强而有力的业会说："我得有个身体，我得表达我自己。"这个业得到了新的身体，便开始通过它而工作、活动，所有其他的业即可以利用这个身体而加入。当这个业结束时，会有许多其他的业等在那儿。

如果你有强烈的欲望，甚至可以改变现在的这个身体。举例来说，如果你的心灵因为盛怒而衰竭，整个脸部和身体会因表达那个情绪而改变。如果你现在的身体不能实现业的目的而有所改变，身体将被舍弃；然后，你又转换到另一个新的身体，业就是这么强而有力。

只要想象一下，你有过多少行为造作？有多少行为造作产生了反应（果）？有多少反应（果）有待解决？好的或坏的行为都会带来反应（果），不论是有价值、值得称赞或无价值、不值得称赞。所以，当你转入下一世时，你不仅仅承受所有的果或是净化的业，你也可能创造新的业。

因此，业有以下三种：今生已呈现的业(Prarabda Karma，普拉拉布达卡马)，在新生命里创造出来的业(Agami Karma，阿加米卡马)，那些等待在储藏所内、要在来生实现的业(Sanjita Karma，三吉塔卡马)。这些就像是射箭手箭袋里的箭，射箭手拿出了一支箭架在弓上，瞄准和射出。随后，他立刻拿出第二支箭装上。

这些箭可分成三种状态。

一支已经离开了弓，正在射出的途中，你已无法将它停住，也无法将它拉回来。这就像“普拉拉布达卡马”，在今生已经发生，只要身体还在，业将会一个个继续地执行下去。即使一个人已超越了心灵，了解了自我，仍然会做出一些事，因为此生创造的动力还持续着。

第二支箭正准备发射，就像你在每一刻所创造的新业，你可以完全掌控它。

箭袋代表着业的储藏所，只要你想要，就可以取出箭袋里的箭来瞄准，你也可以不把它们拿出来，一切都在你的掌握之中，它们叫作“三吉塔卡马”。

我们可以掌握今生所造的新业和未来的业，但对于过去已经造的业，我们一点办法也没有，只能接受。所以，这个因果循环会持续下去，直到能够“自我觉知”为止。

१३. सति मूले तद्विपाको जात्यायुर्भोगाः ।

SATI MŪLE TAD VIPĀKO JĀTYĀYUR BHOGĀḤ.

【SATI：存在；MULE：因、根源；TAD：它的；VIPAKAH：果报、结果；JATI：一种生命的诞生；AYUH：他们的寿命长度；BHOGAH：经验】

13 **只要行为的因存在，自会有果报，指的是出现在来世不同生命种类的出生、等级和生命的长度及经验。**

在这儿，你可能会想来生将属于哪一种生命。如果你的思想是有兽性的，来生你可能无法成为人，业可能会给你一个动物的身体。如果你在今生是狡猾奸诈的，来生可能会成为狐狸，变得更狡猾奸诈。如果你总是希望吃得很多，就可能成为猪，这样就可以吃得更快乐。

不要认为这是反驳进化论，个别的灵魂永远会持续进化。虽然个别的生命可能会有不同的身体，但它会演化成高级或较低等的生命去体验事情，就这样继续地发展下去。记住，身体不是体验者，生命是由心灵通过身体去体验的，身体只是个媒介物或工具。

当一朵花散发芳香时，人们并非用鼻子去感受芳香，而是心通过鼻子在感受。如果心正在忙别的事，不想去感受这香味，就算把花放在他的鼻子前面，他也闻不到香味。

当我们正专心地看一本书时，就算朋友对我们大叫，我们也听不见，不是因为我们关闭了耳朵，而是心不在焉。所以，是我们的心在感受和享受所有的事情，而非身体的器官；即使在动物的身体里，也是由心来感受和体验事情的。

不论何时获得经验，我们都会进步、进化，最后终将抵达目的地。

在生命的自我了解旅程中，每一个身体都是一个不同的工具。在路上的一只狗可能曾经是一位圣人，只因一个小小的失误进入了这个身体；一只狐狸可能曾经是一位吝啬狡猾的商人；一只蝎子可能曾经是个大老板，老是“螫”他的职员。所以，不能认为他们只是动物，每一个形体里都有一个灵魂，在不断演化的道路上，朝向自我的认知。

这段经文也告诉了我们：每一个生命的长度，以及愉快与痛苦的经验，都是由业来决定的，也就是前面所说的“障碍”所产生的结果。

·我的感悟·

१४. ते ह्लादपरितापफला: पुण्यापुण्यहेतुत्वात्।

TE HLĀDA PARITĀPA PHALĀḤ PUṆYĀPUṆYA HETUTVĀT.

【TE：他们；HLADA：愉快；PARITAPA：痛苦；PLALAH：业报、结果；PUNYA：善；APUNYA：恶；HETUTVAT：原因、动机】

---

14 业报带来的快乐与痛苦是过去行为的善与恶造成的。

如果你做过善事，你会得到快乐与满足；如果做了不好的事，你得忍受痛苦。快乐与不快乐的生活都是由你自己创造的，没有任何人要负责。如果你记住这一点，就不会挑剔别人的毛病了。你是自己最好的朋友，同时，你也是自己最坏的朋友。

·我的感悟·

१५. परिणामतापसंस्कारदुःखैर्गुणवृत्तिविरोधाच्च दुःखमेव सर्वं विवेकिनः।

PARIṆĀMA TĀPA SAṀSKĀRA DUḤKHAIR GUṆA VṚTTI VIRODHĀC CA DUḤKHAM EVA SARVAṀ VIVEKINAḤ.

【PARINAMA：结果、影响；TAPA：焦虑、不安；SAMSKARA：印象；DUHKHAIR：痛苦；GUNA：本性的特质（古纳）；VRITTI：功能、作用；VIRODHAT：矛盾；CHA：和；DUHKAM：痛苦的；EVA：的确、真的；SARVAM：全部；VIVEKINAH：有分别心的人】

---

15 **有分别心的人，所有事情都将是痛苦的。其后果是：会因害怕失去已得到的东西而焦虑不安；导致印象留在心里，创造了新的欲望；三个本性特质相互冲突、矛盾，从而一直控制着心灵。**

这是一段非常重要的经文，谈的是在精神领域里的"大真实"。如果我们能每天至少花一点点时间沉思冥想，我们的生命就可以完全地改变。如果我们有分别心，所得到的经验将都是痛苦的。

在这个世界里，所有的经验都来自外在的世界——通过本性或物质事物，最终将是痛苦的。没有任何事物可以持久快乐，也许会经历短暂的快乐，但最终一定以痛苦结束。即使我们享受眼前的快乐，结果通常都是痛苦的，因为我们怕失去它。

想象一下，如果你现在的职位很高，数百人欣赏、感激你，每个人都说你了不起。渐渐地，你爱上了这个职位，"受每个人的爱戴，在四周总是有数百位仰慕者围绕，在全国有数千位学生，这是多么得意的事啊！"但是，同时也会有一种恐惧进入你的心里："如果我失去了这个职位怎么办？如果学生一个个离开，我怎么办？那么这个职位有什么快乐可言？”

或者，你存了很多钱。我看过有些人一拿到报纸，就急忙地翻到股市信息那一页。如果所投资的股票比前一天涨了百分之一，他们就非常欢喜。每天傍晚，他们就开始紧张起来。晚上也不能好好睡，就等着看第二天的报纸。他们真的很享受财富吗？不是，他们只是想要拥有它。我们所谓的快乐，其实带来了害怕失去的恐惧。我们可能会失去职位、金钱和美丽。甚至有人将自己的眼睛、鼻子、耳朵还有手和脚投保，连碰触东西都会焦虑不安。

想要拥有一张美丽的脸是无可厚非的，想要拥有任何东西也没有问题，只要不会因想要拥有而产生焦虑不安和恐惧。如果这些东西来了，就让它们来吧，享受它们的出现；但是，当它们要走的时候，也要能舍啊。当它们来的时候，它们是自己来的；所以，当它们要走的时候，要让它们走，不要让你的心随着那些外在东西的离去而迷失。

过去的快乐是痛苦的，因为新产生的欲望又从心里的印象中升起。“我曾经拥有一辆好车，我不知道何时才能再有一辆像这样的好车。”任何时候，只要看到别人有这样的车，你就会不快乐了，它会提醒你曾经风光的时刻。

事实上，这个世界上没有东西是不好的。但是三个本性的特质(Guna，古纳)会永远扰乱你的心。你享受它一分钟，下一分钟就恨它了。当你心情好的时候，你愿意跟你的孩子一起玩。但是，当你情绪不好时，你会说："出去，别烦我。"真正的快乐在于将我们自己与整个世界完全地分离——要像个主人一样"运用"(Making Use Of)这个世界。只有这样，我们才会感到自豪。

我并不是说因为所有的事物都是痛苦的，我们就要逃离，那是没有用的。无论我们到哪里，这个世界都会跟随。如果你因为对这个世界不了解而想逃离，你是永远逃不掉的。

我看过有些人没有办法把家经营好，无法和家人好好相处，就说："我厌恶了，我要放弃，我什么都不要。我要追求灵性的生活，去练瑜伽和禅修。"他们是想逃离家庭生活，但是，一旦来到了瑜伽修道院，他们仍要面对一个全新的家和家人。在原来的那个家，至少是家人，什么事情都还会为家人着想。但在瑜伽修道院里，全是新面孔。起初，还没有太多的感情，每一个人都可能有其问题。所以，如果某人无法适应自己的家庭，他又如何能适应这个不熟悉的家呢？一个熟知的坏人总比一个不认识的人要好多了。

无论我们在哪里，我们都得学习适当地处理事物。我们不能老是改变环境，一下到这儿，一下到那儿。一旦我们知道如何治理一个小小的家庭，我们就能处理较大的团体了。

家庭生活是训练公众生活的好地方。如果你无法面对家人刺耳的言辞，你要如何面对陌生人的刺耳言辞呢?

世界是一个训练场，我们在这里学习如何运用这个世界，而不要被世界所牵制。与其说:“有分别心的人，所有的事情都是痛苦的。”不如说:“有分别心的人，所有的事情都是快乐的。”如果有这样的悟性，就好像有一根魔术棒，能将一切化为喜悦。快乐与痛苦只不过是你自己得到的结论，而同一个世界既可以是天堂，也可以是地狱。

开始的方法，不过是与感觉在一起，“那都是痛苦的，让我离开我自己，不要让自己卷进去。不要让我带着自私的动机来接近这世界。”一旦能这么做，你就会有不同的洞察力了。然后，你可以以不同的目的接近这个世界，并体验快乐。

在学习游泳之前，水好像很可怕:“如果我溺水了，怎么办? ”可你一旦学会了游泳，你会爱水。世界就是这个样子，你得将自己变成一个游泳健将，学习在这个周而复始的海洋里游泳。

१६. हेयं दुःखमनागतम् ।

HEYAṀ DUḤKḤAM ANĀGATAṀ.

【HEYAM：可避免的；DUHKHAM：痛苦；ANAHGATAM：尚未来到】

---

16 尚未降临的痛苦是可以避免的。

·我的感悟·

१७. द्रष्टृदृश्ययोः संयोगो हेयहेतुः।

DRAṢṬṚ DṚŚYAYOḤ SAṀYOGO HEYA HETUḤ.

【DRASHTRI：看者、真实自我（普汝夏）；
DRISYAYOH：被看见的、本性（普拉克里惕）；
SAMYOGAH：结合、合而为一；HEYA：可避免的；HETUH：原因、缘由】

17 痛苦来自于真实自我与本性的结合而纠结不清，那是可以避免的。

首先，巴坦加里告诉我们“痛苦”的原因，就是真实自我（Seer，即看者）与本性（Seen，即被看见的）的结合而纠结不清。瑜伽哲理谈到两样重要的事情：一个是真实的自我，另一个是本性。

普汝夏（Purusha）指的是真实自我，是看者（Seer），在观看；普拉克里惕（Prakriti）指的是本性，是所有其他的东西，是被看见的（Seen）。除了你自己以外，其他所有的东西都是可以被看见的。但是，我们好像总是把所看见的认定是我们自己的、我们拥有的。

所谓自我，是将所有事物视为自己所拥有的。所以，我们说：“我的身体，我的心灵，我的语言，我的知识……”所有我们说是我们的东西，其实并不是我们的。我们通常有两种方法谈到自己。一个是“看看‘我的身体’，是否很苗条？”另外一个是“看‘我’有多苗条。”是谁苗条，是你还是这个身体？这样的认定就是造成我们痛苦的原因。

换个角度来看，如果我们一直都是我们自己，无论情况改变或是不变，它们永远不会造成我们的痛苦。因为这个改变会留在我们所拥有的东西里，而非在我们真实的自我里。

停留在真实自我里，你就是知者，什么都知道。当你快乐的时候，你知道你是快乐的；当你在忍耐时，你知道你在忍耐。这个知道是永久的。你知道是你的头在痛，但同时你又会说："我在痛。"这种认定应该要避免。

如果你觉得你受了损失，不妨问问："是谁失去了东西？"你会发现你还在这儿，并没有失去你自己，只是失去了曾经拥有的东西，那会大大减少你的痛苦。当你把自己和你拥有的东西混在一起时，请将自己拉出那个困境，你将会得到很大的改变。

·我的感悟·

१८. प्रकाशक्रियास्थितिशीलं भूतेन्द्रियात्मकं भोगापवर्गार्थं दृश्यम् ।

PRAKĀŚA KRIYĀ STHITI ŚĪLAM BHŪTENDRIYĀTMAKAM BHOGĀPAVARGĀRTHAM DṚŚYAM.

【PRAKASA：悦性、照明、光亮；KRIYA：变性、活动、活力；STHITI：惰性、不活动、迟钝；SILAM：本性；BHUTA：要素；INDRIYA：感官；ATMAKAM：包括；BHOGA：经验；APAVARGA：解脱、自由；ARTHAM：它的目的；DRISYAM：观看、看见】

---

18 本性分为三个特质——悦性、变性、惰性。其组成要素和感官的目的是向真实自我提供经验，并帮助解脱。

现在，巴坦加里将谈到椎思亚（Drisya），即被看见的（Seen）。

阿特马（Atma）或普汝夏（Purusha）、看者（Seer），指的都是同一实体，也就是真实的你。你变成一个知者，因为有被知道的事；你变成一个看者，因为有东西要看。巴坦加里在这里分析所谓的“被看见”即是提供我们经验。他说这是被三个本性特质（Guna，古纳）所控制的不同要素和器官的结合。

说到本性（Prakriti）的三个特质，巴坦加里用的是普拉卡沙（Prakasa）、克丽雅（Kriya）、希提（Sthiti）三个词汇。普拉卡沙的意思是悦性、明亮、光辉的，代表沙特瓦（Sattva）；克力雅的意思是变性、行动、活跃，代表拉加斯（Rajas）；希提的意思是惰性、不活动、迟钝，代表塔马斯（Tamas）。为什么我们看见这些外在的东西？为什么本性会存在？

是本性给予你经验，最后帮助你脱离束缚而得以解脱。即使有人不想解脱，本性也会慢慢地训练他们。有一天，他们会体悟："我对这一切已厌倦，我不再想要它了，我已经足够了。"我们何时会有这种体悟？只有当我们受到足够伤害的时候，本性的目的就是用来唤醒你的。所以，我们永远不应该谴责本性。

什么是本性呢？本性是基本要素和器官的结合。器官包括了智力、心灵、感觉和身体。通常来讲，我们认为本性就是我们身体以外的东西，但是当体悟到我们就是真实自我的时候，身体也变成了本性的一部分。再说一次，它也只是一些要素的组合，如果我们不吃东西，就不会有身体了。

一个婴儿出生时约三四千克重，即使是这个重量，也是得自子宫内母亲所供给的营养。创造身体的食物材料就是本性的一部分。心灵、感觉和智力也是本性的一部分，虽然这是非常精致的一部分。它们彼此关联，这就是为什么它们会改变。任何有关系的或是本性的事情，都会改变。身体每一秒都在改变，一些细胞死亡，另一些细胞产生。心和智力也一样不断地改变。

本性里没有任何东西可以带给心灵持续、不变的快乐，因为心灵本身是会不断改变的。虽然我们有同样的胃，但也不想每天吃同样的食物；虽然我们外形没有改变，但不会每天穿同样的服装。

我们希望改变的玄妙之处是因为我们的心在改变，如果它一直都是一样的，为什么要改变呢？当我们了解了这一点，我们就能允许事物改变而不去依恋它。如果有些事物改变了，我们应该随它去——自有其他事物会来的。应该视改变如浮云，但通常我们并不想仅仅看着它，而是想拥有它，不愿意放掉它。于是，我们就有了紧张与压力。

改变就像正在流动的水，如果你愿意让水流动，坐着欣赏它流动是一件很愉快的事。但是，如果你想止住水的流动而拥有它，你得建一个水库。然而，水要流动就会冲击水库，这将有一番强力挣扎。也许你会留住一些水，另外一部分的水会流出去，你得让它流出去，否则水库一定会崩裂。

人生就像一出正在上演的戏，如果你想让它停住，即使是一分钟，都会造成紧张。本性会溜走，我们想拉回它，并留住它。当我们想留住它，就有了阻碍，最后就会带给我们痛苦。甚至是我们自己的身体，如果不希望它改变，麻烦就来了，我们得买各种化妆品、乳液、假发来保持我们的“青春”。如果我们能欣赏所有的改变，就能认识各种不同年龄的美。一颗成熟的水果自有它的美味。当我们能让一切本能流过，我们才是自由的。事物可以来来去去，而我们依然能够保持平静。

维威卡难陀（Swami Vivekananda）说了一个印度神话的故事。

有一次因陀螺（暴风雨之神、雷神，诸神之王）被贬降成一只猪。猪，你知道的，住在泥沼里。因陀螺跌进了泥坑，在泥中打滚，结果碰到了一只母猪，它们成为配偶，生了一群小猪，它们在一起非常地快乐。

天上的神看到这种情形吓坏了，不能再忍受了，便下凡到人间，对因陀螺说："你是因陀螺，我们的国王，你在这里做什么？你的表现让我们觉得很丢脸。"因陀螺回答说："谁说我这样就不快乐了呢？你们住在上面就说我在这儿不快乐。你们真蠢，你们应该变成猪，就会真的喜欢那快乐的感觉了。来吧，一分钟都别浪费，快进入猪的身体，你就会知道有多棒。"

"国王啊！"众神说，"我们不能让你这样继续下去，你得跳出来。"

"别打搅我。"因陀螺回答，"我得照顾我们的小宝宝，它们还等着我跟它们玩呢！"

众神快疯了，说："好吧！"他们决定："既然他对小猪这么不舍，我们只好把它们带走了。"

于是，众神把小猪一只一只地杀掉了。因陀螺开始号啕大哭。

"你在做什么？"因陀螺静了下来，它走向母猪，说，"好吧，让我们多生些小猪。"但是，众神也将母猪从因陀螺身边拉开，并杀了母猪。当因陀螺继续地哀号时，他们决定让因陀螺离开这个猪身。当他们撕开它的身体，因陀螺的灵魂跑出来了，惊讶地看着躺在地上的猪尸。

"国王，你还想留在那儿吗？"

"我不想要了。"因陀螺说，"走吧，让我们回去吧！"

本性就是这样运作的。只要喜欢体验这种本性，不管那些了解真实情况的人怎么告诉我们，我们都会这么回答："你不知道怎么享受这个世界，你没有足够的知识、金钱和权力。你们这些来自穷苦国家的人，尽说些没有意义的话。你们也希望我们变成穷人。走开，我们要享受这所有的奢华。”

由于种种教导，你无法撕开猪的身体、撕裂支票簿、冻结银行账款，他们说：“我们会等待，有一天你会学到的。”当所有的纠缠物把你绑住的时候，你发现已经没有空间可以移动了，那么你就会了解他们说话的真实性。

所有的纠缠物就像蚕的一生。

蚕吐的是一种肉质的丝线，质料柔软。当蚕宝宝才一天大时，就像一根头发那么细小。一根大拇指的大小就相当于一百多只蚕，第二天你得有一个手掌的大小才能装下一百多只蚕宝宝，第三天你就需要一个大盘子了。三十天之内，每一个蚕宝宝都会长得比大拇指还要大，有七八厘米长。

蚕宝宝在这么短的时间内就长得这么大，是因为它们什么也不做，只是不停地吃桑叶。第一天只要一片桑叶就可以喂饱一百只蚕宝宝，但第二天需要一篮子的桑叶，第三天需要一手推车的桑叶，第四天需要一卡车的桑叶了。它们夜以继日不停地消耗桑叶，给得越多吃得就越多。

三四十天以后，蚕宝宝已经吃不动了，于是开始睡觉，就像任何人吃多了就想睡一样。当人吃得太饱，就想躺着滚来滚去，蚕宝宝也一样，当它们滚动的时候，从它们的嘴里会吐出一种唾液。蚕宝宝所吃的东西将以糊状物吐出来而形成蚕丝。蚕宝宝一边滚动一边渐渐地被蚕丝捆绑而形成蚕茧。当所有的蚕丝吐完了，蚕宝宝就躲在蚕茧中，什么都不知道，深深地入睡了。

当蚕宝宝醒来时，会发现自己被吐出的蚕丝困住，“这是什么？”蚕宝宝想，“我在哪儿啊？这是怎么发生的？”然后，它们想起来了。

“我们一直吃，一直吃，一直吃，我们享受不停地吃，没有例外。我们完全地放纵自己，以至精疲力尽，失去意识。我们转啊转，把自己卷进了蚕茧。多么可怕的事啊！至少应该与别人分享我们所拥有的，我们实在太自私了。有智慧的人说过很多有关牺牲无我生命的哲理，但我们从来不听，也不接受劝告。他们一直在劝说，我们却一直在吃。这些智慧之语，我们常是一个耳朵进，另一个耳朵出。现在，我们得为错误付出代价，非常后悔。”

蚕宝宝懊悔、祈祷并断食。在它们深度冥想中，它们分解了所有无意识的印象，决定不再过自私的生活，而且要有辨别力。

当蚕宝宝做出决定的那一刻，两只翅膀出现了——一个叫作“辨别力”，另外一个是“不执着”。这些结合了敏锐、清晰的智力，变成了一个尖尖的鼻子，撕破了蚕茧，蚕宝宝变成了蛾，滑溜出来，带着彩色的翅膀飞往高处，回头看看那些被它们遗弃的监狱：“我们要离开了，我们绝不再回去。”

这个故事有某些启示，我们应该问自己："我们现在在哪里？我们还在吃吗？我们是不是在蚕茧里？我们在冥想吗？我们长翅膀了吗？"让我们问问这些问题。如果发现自己仍然在不停地吃东西，最好能停下来，先好好处理已经吃进去的东西。

我们越享受，就会有越多的束缚。当我们在享受的时候，我们听不进智慧之语，除非我们有超凡的智慧。如果我们不愿意听，本性会把我们挤向一个角落，教育我们。它把我们绑得紧紧的，直到本性显现出来，我们将不再依恋那种享受。换句话说，它（本性）让我们解脱了。解脱之后，虽然我们仍然在本性之中，但已经不会再被它束缚了。这就好像我们拿到了很好的、厚厚的橡皮手套，戴上它即使触电也不会被伤害。就像蚕蛾的翅膀，这副手套就是辨别力和不执着。当你拥有了它们，你可以接触任何东西，而不受到任何伤害。

当你学到了本性的课程以后，它跟你就没有关系了，但它还是会存在，它会继续教导许多还没学习到的人。你已经可以从大学毕业了。你还可以以毕业生的身份回来，看看人们进展如何，但你不再执着了。一个已解脱的人，可以回到这个世界，对这世界发挥作用，却不会受它的影响。

१९. विशेषाविशेषलिङ्गमात्रालिङ्गानि गुणपर्वाणि ।

VIŚEṢĀVIŚEṢA LIṄGAMĀTRĀLIṄGĀNI GUṆA PARVĀṆI.

【VISESHA：明确的；AVISESHA：不明确的；LINGAMATRA：下定义、定界限；ALINGANI：不能下定义的、不能定界限的；GUNA：特质（古纳）；PARVANI：阶段、程度】

---

19 本性的特质又分为四个阶段：明确的、不明确的、能下定义的、不能下定义的。

在这里，巴坦加里又分析了本性（Prakriti），他将所有本性分成四个阶段。

我们先把巴坦加里表达的顺序颠倒过来。首先是不明确的阶段，也就是本性在宁静的状态或不可解释的状态。第二阶段，逐渐明确了。第三阶段，更进一步，本性的形式已发展至精微的感觉——智能与心灵。第四阶段是整体的，我们可以看、听、感觉、碰触、嗅和尝。

通常来说，我们只认识看得见的东西（举例来说，我们可以看到花，但我们只能嗅到香味，而不是看见这香味），但如果开发一种微妙的觉知，我们甚至可以看到这微妙的东西。

嗅觉也一样，虽然非常敏锐，但如果我们去开发对敏锐的认知，我们可以看到它散发得像一股有磁性的能量。虽然每个个体都有它的气味，但我们只能看到实体，看不到气味，也看不到这些灵体的颜色。其实，我们可以开发敏锐的感觉，去看它们。

२०. द्रष्टा दृशिमात्रः शुद्धोऽपि प्रत्ययानुपश्यः ।

DRAṢṬĀ DṚŚIMĀTRAḤ ŚUDDHO'PI PRATYAYĀNUPAŚYAḤ.

【DRASHTA：看者；DRISIMATRAH：看的能力；SUDDHO' PI：虽然纯洁；PRATAYA：通过心灵；ANUPASYAH：显现好像看过】

---

20 看者是纯净、无染的，有观看的能力，但却要通过心灵来看。

讨论本性（Prakriti）后，巴坦加里现在要谈论"看者"，即真实自我（Purusha，普汝夏）。

亮光是纯净而不会改变的，它呈现出的改变是因为有本性作为媒介；太阳光并不会弯曲，但透过水之后会折射；红色电灯泡的灯丝放射的是纯光，但我们看到的是红色的光，那是因为四周的玻璃是红色的。同样的，我们都是一样的人，但我们的外表、动作和想法都不一样，因为我们的身体与心灵的本性状态不一样。如果我们的心累积了一些法律的知识，我们会成为律师；累积了一些医药的知识，我们会成为医师。如果我们没有思想，我们会被称为愚昧的人。所以，虽然我们的原本特质是一样的，但显现出来却都不一样。

通过瑜伽的思想，我们可以把全体人类视如兄弟姐妹；我们可以没有例外地拥抱所有的人。即使是罪人，我们也一样付出爱心，因为我们也曾经是罪人。今天的罪人可能是明天的圣人。永远不要去批评一个罪人，如果我们能够理解到大家都曾经在同一条船上的事实，我们甚至可以向罪人伸出援手。

如果一个婴儿的尿布湿了，你会把婴儿从婴儿床里抱出来，帮他清洗干净，换上新尿布。你不会去挑剔他，如果想挑剔，你就没有人性了。所以，瑜伽可以从我们生命的各个层面、角度来帮助我们。这不是通过长期练习瑜伽才能得到的经验，它是随时随地都能嘉惠于大家的。

·我的感悟·

२१. तदर्थ एव दृश्यस्यात्मा ।

TADARTHA EVA DṚŚYASYĀTMĀ.

【TADARTHA：为了他（真实自我）的缘故；EVA：仅、只；DRISYASYA：被看见的（本性）；ATMA：存在】

21 本性（被看见的事物）之所以存在，只是为了真实自我（看者）。

我们从前面的经文里了解到，是本性（Prakriti）给予了我们真实自我的（Purusha）经验，但我们往往会认为是真实自我在经验。事实上，真实自我并没有经验任何事，它只是目击者，虽然看起来似乎是它经验的。我们必须试着了解这个层面，一旦深入研究，就会了解真实自我既不是行为者，也不是享受者。如此一来，我们的视野和态度将改变。现在我们就从这儿开始吧。

英文"了解"（Understanding）这个词是由两个词合起来的：下面（Under）和站立（Stand）。去了解，我们得站在下面。但是，我们要站在什么下面？站在我们所站的下面。我们首先得知道我们站在何处，然后试着去站在那下面。再深入一点，当我们试着去了解，我们会发现，我们并非全部都站在同一点上，而是有不同的层次，不同的包容力、品位和性情。

每一个人都有其立场，每一个人对同一本圣书经文因不同认知而有不同诠释。所以，巴坦加里说，我们都在真实自我的印象下获得一些经验，但有一天我们会知道，真实自我从来没有做过任何事情，它也从来没有享受过任何事情。

२२. कृतार्थं प्रति नष्टमप्यनष्टं तदन्यसाधारणत्वात् ।

KṚTĀRTHAṀ PRATI NAṢṬAṀ APY ANAṢṬAṀ TAD ANYA SĀDHĀRAṆATVĀT.

【KRITARTHAM：已获得解脱者；PRATI：对他；NASHTAM：毁灭、消除；API：即使如此；ANASHTAM：没有毁灭；TAT：对于；ANYA：其他；SADHARANATVAT：普遍】

---

22 虽然对于一个已解脱的人来说是消除了，但对其他人来说，本性仍然存在。

根据吠陀字意，本性叫作马雅（Maya），或解释为幻觉、妄想，对已经了解本性的人而言，种种妄想已经消除了，但对其他的人来说，它一直是真实存在的。

世界像一个工厂，我们看见木材、铁等原料进来，它们经过一些程序加工后，就变为成品，然后被送进市场、商店，最后送到消费者手中。这些产品不会再回到工厂，但工厂仍然继续运作，因为原料还继续送进加工车间中。

世界就是我们的工厂。当我们被送进工厂，每分钟都有不同的经验产生。随着知识的开发，我们变得越来越精练。最后，我们完全了解了这个世界，就不再回到工厂了。然后，我们可以说："曾经我认为这些都是真实的：金钱、名誉、地位、美貌，但现在我了解到没有一样是永久的。我看过百万富翁变成穷人，出名的美人变得满脸皱纹。"当你不再信任世俗的享乐，也就不会去追求它了。

当我们不再追逐这个世界，世界会说："好吧，先生，我不再打扰你了。无论何时，当你需要我的时候，我都准备好替你服务。”那么是这个世界在追逐你了。然而，如果没有工厂的帮忙，我们是无法成型的。

我们要先了解本性，这就是为什么本性被称为母亲了。只有通过母亲，我们才知道谁是父亲。

清楚地认识本性，不要离开它，不要跑开，不要放弃。逃避是没有助益的。如果我们现在想逃避一些事情，以后得以更困难的形式去面对它。还有，我们永远要保持警觉，注意本性。这个世界用尽所有的方法来欺骗我们，企图从各个偏僻的地方或角落过来。但是，我们得面对它、了解它、分析它而通过它的考验。

很多人害怕面对问题，只想吞一颗安眠药，然后把所有的事情都忘记，可是当他们醒来后又要面对新的问题。他们想变成鸵鸟，只要一看见危险，就把头埋进沙堆里。这样并没有解决问题。一旦我们解决、了解了我们的问题，就可以控制它。一旦我们能控制它，我们就不再被本性束缚，它反而变成我们的奴隶了。

२३. स्वस्वामिशक्त्योः स्वरूपोपलब्धिहेतुः संयोगः ।

SVA SVĀMI ŚAKTYOḤ SVARŪPOPALABDHI HETUḤ SAṀYOGAḤ.

【SVA：被拥有的（本性，Prakriti）；SVAMI：拥有者（真实自我，Purusha）；SAKTYOH：他们的能力；SVARUPA：出于本性（Nature）；UPALABDHI：认识、察觉、经验；HETUH：原因、动机、目的；SAMYOGAH：联合、结合】

---

23 结合真实自我（拥有者）和本性（被拥有者），你会认识两者的原始面貌和力量。

要真实自我靠着本性的帮助了解自己，必须通过善瑜伽（Samyoga）。善瑜伽的意思是完美的结合。这里并不是说个别自我与更高一层自我的结合，而是真实自我（Purusha）与本性（Prakriti）的结合。当它们完全分开时，它们无法表达自己，因为它们是互补的。它们的结合让我们知道两者的特质。

如果你想印出白色的字，得有黑色的底色来映衬，你无法在白色的纸上写出白色的字。通过本性，能了解到我们就是真实纯洁的自我。如果不是本性，我们就无法知道我们自己。所以，本性并不是如许多人认为的是一种束缚，它是必要的。

२४. तस्य हेतुरविद्या।

TASYA HETUR AVIDYĀ.

【TASYA：它的；HETUR：原因、动机；AVIDYA：无知】

24 这个结合却是源自无知。

在此，巴坦加里对前面表述的观念笑了。造成完美结合（善瑜伽）的原因竟然是无知。这似乎有点混淆了。但是，如果我们正确地了解它，就不会有所困惑了。

在前面的经文里，我们仍疑惑于造成本性的原因。一旦真实自我了解了它自己，它会认为："这个结合是怎么回事？那是因为我忘记了自己，我是多么无知的人啊。因为我的无知，我创造了这个结合。"会自嘲的人，其实只有在有了认知以后才会如此。就像一个做了噩梦的人，醒来后会取笑自己原来只是做了一场可怕的梦。

认知的背后是了解的结果，一旦我们了解了，我们就可以劝告其他人："我过去是无知的，我有可怕的经验，我以为本性是真实的，快乐是真实的，我追求它们。但是，现在我知道它们是什么了。我以困难的方式学习到了，你们也希望以困难的方式学习吗？何不听我的劝告呢？"

这些经文使我想起佛祖的四句箴言："世界的苦难，苦难的原因，苦难的去除和去除苦难的方法"。（编者按：即佛教的四圣谛——苦、集、灭、道）巴坦加里告诉我们，痛苦是可以避免的。他更进一步地告诉我们，痛苦的原因来自无知。接着，他又给了我们两个词，哈难

（Hanam）——痛苦的去除，还有哈挪沛扬（Hano-Payam）——去除的方法。

我们可以看出两者所说的是近似的。我们不需要找出是谁沿用谁的说法，因为真理永远只有一个。无论是谁经过谨慎的思考，都会得到同样的答案。佛祖得到了，巴坦加里得到了，耶稣得到了，穆罕默德也得到了。答案都一样，但成就的方法可能会有所不同。

·我的感悟·

२५. तदभावात् संयोगाभावो हानं तद् दृशेः कैवल्यम् ।

TAD ABHĀVĀT SAṀYOGĀBHĀVO HĀNAṀ TAD DṚŚEḤ KAIVALYAṀ.

【TAD：它的（无知的）；ABHAVAT：缺乏、不存在；SAMYOGA：结合、联合；ABHAVA：是缺乏的、心不在焉的；HANAM：去除、移走；TAT：那个；DRISEH：看者（真实自我）；KAIVALYAM：独立、绝对的自由】

---

25 如果没有无知，就不会有结合。这是真实自我（看者）可以自主的。

更简单地说，去除无知，创造结合，看者（真实自我）就能安住在自己真实的本性里了。真实自我（Purusha）一直都是如此，虽然真实自我似乎暂时被本性困住了。我们不仅是理论上的认识，而是应该以我们所有的经验，所有的行动，重复温习来记住这一点。自问一下："我有被这玷污吗？""我是谁？""谁快乐？""谁不快乐？"如果我们不断地自问这些问题，做这样的冥想，会发现我们只是知者（Knower）。我们知道发生了很多不同的事情，但在认知里是没有差别的。

吠陀行者说："我是永恒的证人。"即使我们知道这只是理论，但它会在很多方面帮助我们。当我们为损失而烦恼时，我们应该问道："谁在烦恼？""谁知道我在烦恼？"随着答案的出现，烦恼就会消失。当我们分析烦恼时，它变成了一个客体，和我们不再有关系。

我们可以用这种态度面对一切，即使得带着痛苦。如果我们烫伤了手指，我们不要说："啊，我烫到手指了。"我们应该这样问自己："谁说我烫伤了？谁感觉到了烫伤？"这个烫伤可以变成一个很好的冥想事物。方法就是改变心态，从某个事物中脱离出来。

以前，我对人的态度就像蝎子的刺，这些刺带来了很多的痛苦。最简单又最快速去除痛苦的方法，就是滴几滴盐水在眼睛里。这和治疗刺痛是没有关系的，而是让人哭泣、跺脚和流眼泪，把整个心思从刺痛处转向眼睛。当疼痛的眼睛逐渐好转时，被刺的痛苦同时也渐渐被忘却而消失了。

当我们因轻微的不舒服而悲伤时，如果突然间接到事业蒙受巨大损失的消息，我们会马上忘记那些小痛苦，注意力会立刻转移，所有的事都是如此相关的。

世界上所有的经验都是心理上的作用。我们也许会把心思放在某件事上，认为“这真是太棒了”。一旦我们的注意力跑开了，那件事就变得不重要了。这就是为什么梵文这样表达：曼那－依瓦－曼奴雪亚南（Mana-Eva-Manushyanam），意即“一个人的态度是根据他的心思而来的”。

造成“束缚”与“解脱”的原因就是我们的心灵。如果我们认为被束缚了，我们就被束缚了；如果我们认为解脱了，我们就解脱了。如果你认为你活着，你就是活着的；如果你告诉你的心，百分之一百你会死亡，那么你就会死亡。只有心超越了，我们才能从所有的困境中解脱出来。

心灵是本性的原动力，也是本性的一个细微部分。我们应该了解我们与心是完全不同的，我们是永远自由、没有束缚的。这并不是说我们就要变得游手好闲，而是一旦了解我们是自由的，就应该帮助那些仍然受到束缚的人。

当一个强壮的人通过了一条湍急的河流，他不会在过河后就径自离开了，而会站在岸边帮助其他的人上岸。有很多圣人、贤者，他们明知世间只有苦，没有快乐，却依然现身在这世上，就是为了帮助其他的人。

·我的感悟·

२६. विवेकख्यातिरविप्लवा हानोपायः।

VIVEKAKHYĀTIR AVIPLAVĀ HĀNOPĀYAḤ.

【VIVEKAKHYATIH：明辨、识别力；AVIPLAVA：不间断的；HANA：去除；UPAYAH：方法】

26 不断地明辨，就是去除无知的方法。

在梵文里，这叫作为维威卡（Viveka），意即明辨不真实到真实的区分。试着了解和观察一切事物的永恒面，对于短暂的则不予理会。

世界有两种状况：永久的和短暂的，也可以说是不会改变的以及会改变的。所有事物的基本要素都是一样的，但会以各种不同的形式和名称显现出来。就像你和上个星期的你不是同一个人，即使在一分钟以前，你也是不一样的人。每一分钟，你的身体都在改变，有部分死亡，有部分新生。根据瑜伽系统，整个身体会十二年完全改变一次；换句话说，现在你身体里的细胞在十二年前是不存在的。

明辨并不是说分辨什么是盐，什么是糖，那只是一般的了解。真正的明辨是从曾经改变的名称和形式中，辨别出原始根本的真理。如果我们能够记得根本的真理，我们永远不会因为形式和名称的改变而失望与沮丧，我们的心是稳定的。因为有了这个了解，我们才会歌颂这样的祈祷文："领导我们从不真实走向真实，从黑暗到光明，从死亡到不朽。"

什么是死亡？一块木头因变成几块木板而死亡，这些木板因为制成一张椅子而死亡，椅子因变成柴火而死亡，柴火因变成灰烬而死亡。你对木头的变化给予了不同的名称、不同的形状，但它的本质是不变的。

如果能谨记这一点，我们就永远不会担心任何事物的损失了。事实上，我们从未损失过任何东西，也从未得到过任何东西。有了这样的明辨力，你就不会不快乐了。

以下，巴坦加里将继续解释真实自我的不同层次，他将逐步往上探讨其真实本性，做七种层次的了解。

·我的感悟·

२७. तस्य सप्तधा प्रान्तभूमिः प्रज्ञा ।

TASYA SAPTADHĀ PRĀNTABHŪMIḤ PRAJÑĀ.

【TASHYA：他的；SAPTADHA：七重的；PRANTABHUMIH：最后阶段；PRAJNA：智慧】

27 智慧的最后阶段有七个层次。

第一个层次，我们时常向外四处去寻找、去看，但往往无法获得我们想探索的知识。

事实上，知识要从外在转向内心，从内心得到答案。转向内心的意思是要走进内心，了解我们自己，认识我们自己。如果我们不认识自己，我们就会在认识其他事情上犯错。

例如玻璃制品，我们应该先从外表认识它们，它们干净吗？它们有颜色吗？如果有色彩，我们透过色彩就会看到彩色的世界，但我们不能说这个世界是有色彩的。将任何东西放在天平上称重，天平一定要先准确。如果天平本身不准确，称出来的重量当然也不正确。同样的，我们得看心是否站在中立的立场，如此才能正确地评估事情。

第二个层次，我们会了解到，所有快乐与痛苦的经验不是来自外在，而是来自心灵的诠释。

我们的心通过经验而产生痛苦与快乐的诠释。如果有这样的认知，所有的不幸与痛苦都会过去的。我们知道，任何外在的事情都不会让我们痛苦，也没有事情会让我们不快乐，因为所有外在的事情都是短暂的。而且，当我们知道是内心造成的痛苦，我们会试着去改变它，而不会埋怨外在的世界或其他人。我们不再需要去追求事物，也不再需要去躲避它们。

第三个层次，在完全了解你的心之后，以中立的心，达到对宇宙的认知、了悟。

你不需要为此钻研，因为没有书籍能给予这个知识。很多圣人并没有受过教育，他们从来不知道什么是学校，但至今我们仍然在研读他们的理念。

没有任何古印度《吠陀奥义书》(Upanishad)的先知上过大学或专科学校。他们只是坐在树下，观察大自然，但他们的智慧之语现在却弥足珍贵。他们的智慧来自何处？来自内心，内心有丰富的知识。圣书上说："知道一点就知道全部了。"

不经任何学习而了悟，是意识的第三层面。

第四个层次，认识本性和本性的作用。

我们觉得已经没有什么可做的了。如果我们知道宇宙的计划，我们已超越了所有的行动者。没有什么特别的责任赋予我们，没有做与不做。到那个时候，我们当下做的事情，只是因为我们的心和宇宙之心相联结，那已不是个人的行动。当我们有"当下要做事"的感觉，我们就做了，我们不知道为什么要做，也不管是好是坏。

圣书上这么问："什么是必须，什么非必须？"没有必须，没有什么是一个人必须做的，没有什么是应该或不应该做的。不管一个人做什么，都是宇宙计划的一部分。意思是说，虽然有人在做一些事，事实上他并没有做任何事，他变成了“非做者”(阿卡它，Akarta)。

一位泰米尔的圣人以一首诗来表达上述的理念：“神啊，我给你我的整个人格、身体、心灵和生命，你也接受了。如果通过我的身体和心灵而发生了任何事情，我要负责吗？好的事情会发生，坏的事情也会发生。你要负责，因为是你要我做的。人们可能会说：他是个坏人，他在做坏事。但你要知道，那不是我做的，是你通过我做的。”

这些话语只有当我们了解我们的一切都是在上天意志的掌控之中时才会这样说。站在祭坛前很容易这样说：“我是你的，所有的都是你的。你的一切都将完成。”但是，我们真的是这样认为的吗？我们真的已经完全放弃了吗？在这种情况下，我们是没有责任的。所有的责任都是神的责任，我们不需要负责任。但是，这种情况不能仅仅以智能来认知。如果是这种情况，那我们是否可以对人打一记耳光，然后说：“这是神的意旨。我什么都给了他，连我的手都给他了，是他用我的手打你的。”

当有些人事业有些成就的时候，他说：“是我经营得好，在最适当的时间买进了货，现在卖价不是已经涨了百分之十吗？”如果他们的生意失败了，他们会说：“天啊，我每天为神点蜡烛，他简直没有眼光，相信神一点意义也没有。如果神够仁慈，他为什么要让我损失得这么惨重？”赚钱的时候，是他们的能耐；赔钱的时候，却是神的责任了。

我们的态度应该是不变的：到底是我们要负所有的责任，还是神要负所有的责任？我们应该永远要怪罪那个大我，或是那个小我，而不是想怪谁时就怪谁。如果我们以自我为主，所有的事情都应该以自我为中心；如果有人辱骂我们，我们应该对辱骂负责。我们应该将自己完全交给神的旨意，或是仅依我们自己的旨意。

第五个层次，实际上是我们了解之后的影响。

一旦我们知道已没有什么要做的了，心就完全自由了，那就是解脱。如果心有“自我中心”的习气，它表现的就是它所要的。而一旦“自我中心”离开了，它就变成了谦虚又简单的心，想法完全自由。虽然旧有的印象依然存在，但那已经失去打扰心的能力了。

第六个层次，心灵的特质消失了。

这叫作马诺那沙（MANO-NASA）或七塔纳沙（CHITTA-NASA），意思是心灵完全被抛弃了，心灵完全被消解融合了，其基本元素和特质都消失了。

第七个层次，最后只有真实自我被留下了，安住在它自己纯洁的本性内。

在这里，真实自我停留在自己的纯洁本性内，没有任何东西被留下。《薄伽梵歌》中提到：“由自己注视着自己，一个人在自我之内是很知足的。”这是三摩地的最高境界。

我们都应知道这些事情是什么，因为有一天我们一定会到达这个境界。当它们发生时，我们会看到迹象。有时候，人们会被未预期的事情给吓到。例如在冥想中，突然失去了身体的意识，会觉得：“我不太对劲，我会死掉吗？”这扰乱了他们的冥想。相反，如果我们知道这些征兆，我们就会欢迎它们。

前面所讲的是练习瑜伽途中所碰到的不同境界。一旦达到了第一个境界，我们开始向内走，不再期望外在世界的任何东西，这表示我们已经抓住了第一个环节。这只是为了要抓住整条链子，开始拉这么一下，但一定要有开始拉这个动作。

圣人提鲁木拉（Thirumoolar）说：“一个人总是一直跑、一直跑，为了寻求光明，最后崩溃而死亡，因为他找不到。”成千上万的人都是这样崩溃的，因为他们不知道，光明就在内心里。然后还说：“即使你练瑜伽，练了八千年，你也到达不了那光明处。”其实，他们指的是瑜伽的外在练习：练体位法、念书、学习背诵所有的经文，到全世界的庙里、瑜伽道场和教堂去礼拜、去祈祷。这些都是外在的练习，有些人却为此浪费了几千年。如果往内心瞧瞧，我们就会看到光，就如同我们在镜子里看见我们自己一样。

所有的宗教都这么说：我们不要只从外在得到，转个弯，往内瞧。

认识你自己，教学可以帮助你一点。但是，学习太多会扰乱你的心，你应该每学一点后，就去实践。向内的意思是感官内收，从内心听声音，在里面看东西，在里面闻东西，所有的直觉都在我们的里面，所有美丽的音乐都在我们的里面，所有的艺术都在我们的里面。当博物馆和花园就在我们内心的时候，我们何必到处寻找博物馆和花园呢?

每天早晚，我们都应该花一点时间走向内心，慢慢地就可以扩展到整个日常生活。不管我们的四肢在外面做些什么，我们可以将心拉往里面。就像我曾说过的一句印度谚语:“工作在手上，但是将神留在心里。”书籍只是辅助，当它们不再有用时，就要毫不犹豫地放下。

靠着梯子的帮忙可以到达屋顶，一旦到了屋顶，我们就不再依赖梯子了。我们不需继续在梯子四周饰以花环，而向它顺服。人们时常对一些象征符号崇拜和朝拜，如:有些人将经文裱褙在有镶边的法蓝绒布盒子里，放在祭坛上，每日向它朝拜，可是从来没有读过一句。

符号应该是用来帮助你超越它们的。借由心灵的帮助，我们超越心灵。一旦我们到达目标，就可以摆脱它、离开它，不应再存有感情。要适当地运用心灵的辅助，但不要依恋，应该去追求更高的目标。当我们在这些过程中找到很好的停留处，是否就停留在这儿?即使我们已经到达了追求的目标?

我们开车外出时经常在找停车位，我说:“这么好的停车位，如果把车开走了，车位就没了，我还是走路上班吧！”但是，车子停在停车位上对我是没有用的。相反，我得用它啊！有些学生想：“如果我把书打开，书会折损，还是别打开吧；这本书是大师送我的，我还是把它当纪念品吧！”这样做是不对的，我们应该好好利用它们，一页一页地读，消化它，甚至可以在读完以后送给别人。这才是我们应持有的态度。

一旦我们开始了第一步，我们就踏上了最终通往第七阶段的自动扶梯了。

·我的感悟·

२८. योगाङ्गानुष्ठानादशुद्धिक्षये ज्ञानदीप्तिरा विवेकख्यातेः ।

YOGĀṄGĀṄUṢṬHĀNĀD ASUDDHI KṢAYE JÑĀNADĪPTIR Ā VIVEKAKHYĀTEḤ.

【YOGA：瑜伽、结合；ANGA：分枝、枝干；ANUSHTHGANAT：借由练习；ASUDDHI：不纯洁；KSHAYE：毁灭、减少、衰落；JNANADIPTIH：智慧之光；A：引向；VIVEKAKHYATEH：明辨力、洞察力】

---

28 通过瑜伽八阶的练习，那些不纯洁便会被智慧之光去除，引向明辨之境。

从这一节开始，巴坦加里告诉我们有关瑜伽练习的一些观念。他把它们分成八阶，也叫作阿思坦加瑜伽（Ashtanga Yoga）或八阶瑜伽。他将前面所述说的理念以比较实际的方法再述说一次。

·我的感悟·

२९. यमनियमासनप्राणायामप्रत्याहारधारणाध्यानसमाधयोऽष्टावङ्गानि ।

YAMA NIYAMĀSANA PRĀṆĀYĀMA PRATYĀHĀRA DHĀRAṆĀ DHYĀNA SAMĀDHAYO 'ṢṬĀV AṄGĀNI.

【YAMA：持戒、自律；NIYAMA：遵守、奉行；ASANA：体位法；PRANAYAMA：呼吸控制法；PRATYAHARA：感官内敛；DHARANA：专注；DHYANA：冥想；SAMADHAYAH：沉思、专心、超意识境界、三摩地；ASHTA：八；ANGANI：肢或分支】

---

29 瑜伽八阶（八支）如下：

1.雅马（Yama）：持戒、自律。

2.尼雅马（Niyama）：遵守、奉行。

3.阿撒纳（Asana）：体位法、调身。

4.普拉纳雅马（Pranayama）：呼吸控制法、调息。

5.普拉惕亚哈拉（Pratyahara）：感官内敛、摄心。

6.达拉纳（Dharana）：注意力集中、凝神。

7.狄亚纳（Dhyana）：冥想、入定。

8.三摩地（Samadhi）：三摩地、沉思、禅定。

३०. अहिंसासत्यास्तेयब्रह्मचर्यापरिग्रहा यमाः ।

AHIṀSA SATYĀSTEYA BRAHMACARYĀPARIGRAHĀ YAMĀḤ.

【AHIMSA：没有暴力、不会造成痛苦；SATYA：不说谎、真实的；ASTEYA：不偷窃；BRAHMACHARYA：禁欲；APARIGRAHA：不贪婪；YAMA（雅马）：持戒、自律】

---

30 雅马（持戒）包含没有暴力、不说谎、不偷窃、禁欲、不贪婪。

现在我们来介绍持戒（Yama，雅马），瑜伽的第一阶。我们应该了解，瑜伽八阶的任何一阶都是同样重要和必须的。

阿辛沙（Ahimsa）的意思是不会造成痛苦，有些作者翻译为不杀害，但是并非如此。辛沙（Himsa）的意思是会造成痛苦，杀害与造成痛苦是不一样的。造成痛苦可能比杀害还要严重，你的言语、想法都可以造成痛苦。

沙特扬（Satyam）的意思为真实、不说谎。阿思惕扬（Asteyam）的意思是不偷窃。这些事情好像都是基本的，却又“大而无用”〔译注：Elementary（基本的）与Elephantary（大而无用的）有些押韵〕，我们不应该因为容易而扬弃，即“不以善小而不为，不以恶小而为之”。要知道，完美不是那么容易的。

布拉马恰拉（Brahmacharya）的意思是禁欲或独身状态。

持戒的最后一段是不贪婪，有两个解释：一个是不要储存超过我们要使用的量；另一个解释是不要接受礼物。

以上组成了持戒的五个原则。我们将在三十五到三十九节经文中作详细的介绍。

३१. जातिदेशकालसमयानवच्छिन्नाः सार्वभौमा महाव्रतम् ।

JĀTI DEŚA KĀLA SAMAYĀNAVACCHINNĀḤ SĀRVABHAUMĀ MAHĀVRATAM.

【JATI：阶级、等级；DESA：地点；KALA：时间；SAMAYA：情况；ANAVACHCHHINNAH：不受什么限制；SARVABHAUMAH：宇宙；MAHAVRATAM：伟大的誓言】

31 伟大的誓言是全世界的、宇宙的，不受阶级、地点、时间和情况的限制。

巴坦加里把上述的持戒称为“伟大的誓言”，因为它们永远不能因任何借口而破戒：不管是时间、地点、目的、社会或阶级规则，不论冬天或夏天，不论是早上或傍晚，不论在这个国家或那个国家。

这些戒律是虔诚的、全心修习瑜伽的人所必须遵守的，巴坦加里是不允许有借口的。对于那些非“一心”以学习瑜伽为目标的人，这些誓言可以依据他的人生态度而有所调整。

·我的感悟·

३२. शौचसंतोषतपःस्वाध्यायेश्वरप्रणिधानानि नियमाः।

ŚAUCA SAṀTOṢA TAPAḤ SVĀDHYĀYEŚVARAPRAṆIDHĀNĀNI NIYAMĀḤ.

【SAUCHA：净化；SAMTOSHA：满意；TAPAH：接受痛苦，不制造痛苦；SVADHYAYA：读圣书；ISVAPRANIDHANANI：拜神、敬神或自我屈服；NIYAMA（尼雅马）：精进奉行、遵守】

---

32 尼雅马（遵守、奉行）包含了净化、知足、苦行、读圣书及敬神。

第二阶，尼雅马（Niyama），意为遵守、奉行。持戒（雅马）的五点，加上遵守、奉行（Niyama）的五点，这让我们想起了基督教的十诫和犹太教的信仰，还有佛教的十项戒律。

事实上，任何宗教都有这些道德伦理规范，所有的灵性生活都应该依据这些规则。它们是基石、基础，没有它们，我们永远没有办法建立任何持久的事情。

·我的感悟·

३३. वितर्कबाधने प्रतिपक्षभावनम् ।

VITARKA BĀDHANE PRATIPAKṢA BHĀVANAṀ.

【VITARKA：负面的思想；BADHANE：当被什么打搅的时候；PRATIPAKSHA：逆向思考、相反的想法；BHAVA NAM：应该要想到】

33 当被负面的想法扰乱时，应该以逆向思考(正面)来导正。

在此，巴坦加里对如何控制心灵以及如何阻止我们不想要的想法，给了很好的提示。如果心里有仇恨的想法，最好的方法就是试着将爱的思想带入。如果做不到，至少我们可以去见自己所爱的人，在他们面前，就会忘记仇恨。因此，虽然仇恨已浮现，但可以让它不要发作出来，或试着改变环境，不让它停留很久。

在已婚夫妻的身上可以看见，当他们吵架时，如果这时小宝宝爬向他们，会发生什么样的情况？有经验的人一定马上就猜到了，争吵会马上冷却下来，母亲或父亲会把小孩抱起来并安抚他。那是因为他们二人都爱这小宝宝。以小孩的形式，爱会进来，生气与仇恨会立刻消失。

我们可以借着注视一个圣人的肖像、读一本励志的书、与一位特别的人会面或是离开那扰人的环境，来创造一个正面的气氛。这是非常实际的观点。当处在负面的环境里，是很难控制负面想法的，除非我们有惊人的本事。所以，导正负面的想法，最简单的方法就是改变环境。

举个例子：当你跟先生（或太太）快要起冲突时，在你怒气尚未爆发以前，跑向孩子的房间，看看正在熟睡的孩子。这时，你就会忘记所有的不快而避免离婚的想法。为了这个原因，至少家里要有个小孩。要不然，家里如有禅房，到禅房的神龛前坐坐，看一本好书，或是出国旅游、看看大海……任何事情，只要改变环境，就可以创造出相反的想法了。

还有另一种方法去控制负面的想法。在它控制我们以前，先想一想它的结果。如果让它继续下去，会发生怎样的情况呢？我会失掉我的朋友。如果那个人很强，他可能根本不会有影响。他可能只是笑我，然后走开。但是，那个人在因我生气而受影响之前，我会受到影响。我的神经会激动起来，我的血液会沸腾。

·我的感悟·

३४. वितर्का हिंसादयः कृतकारितानुमोदिता लोभक्रोधमोहपूर्वका

VITARKĀ HIṀSĀDAYAḤ KṚTA KĀRITĀNUMODITĀ LOBHA KRODHA MOHA PŪRVĀKA MṚDU MADHYĀDHIMĀTRĀ DUḤKHĀJÑĀNĀNANTA PHALĀ ITI PRATIPAKṢA BHĀVANAM.

【VITARKA：负面的想法；HIMSADAYAH：暴力等；KRITA：已完成的；KARITA：将要完成的动机；ANUMODITAH：已被认可的；LOBHA：贪婪；KRODHA：生气、愤怒；MOHA：迷惑；PURVAKAH：以什么优先；MRIDU：温和；MADHYA：中等；ADHIMATRAH：强烈的；DUHKHA：痛苦；AJNANA：无知；ANANTA：无穷的、庞大的；PHALAH：果实；ITI：如此、于是、因此；PRATIPAKSHA：逆向思考、相反的想法；BHAVANAM：应该要想到】

---

34 **当暴力等负面想法或行为想去做或已经做了，不论是由贪婪、愤怒或迷惑所引起，不论是轻微的、中等的或极端的放纵自己，都是基于无知，并且会带来一些痛苦，我们也应逆向思考。**

巴坦加里在这里将进一步解释逆向思考。假设因我们的贪婪、愤怒或无知，为别人带来痛苦或造成伤害，必然还会造成另一个不幸，即报应。我们甚至不需要直接造成别人的痛苦，也许是前世造的业在今生呈现而带来不幸的结果。

请逆向思考，当我们遭遇不幸，可能是因为曾经造成别人的痛苦与不幸，这都源自于我们的贪婪、愤怒或无知。

३५. अहिंसाप्रतिष्ठायां तत्संनिधौ वैरत्यागः।

AHIṀSĀ PRATIṢṬHĀYĀṀ TAT SAṀNIDHAU VAIRA TYĀGAḤ.

【AHIMSA：没有暴力；PRATISHTHAYAM：已建立、确定的；TAT：在他的；SAMNIDHAU：面前、风度；VAIRA：敌意；TYAGAH：放弃】

35 在坚定无暴力者的面前，所有的敌意都会停止。

从本节开始，巴坦加里将十个道德规范一个一个地解释清楚。当一个人的内心建立了摒弃暴力的誓言，所有的憎恨、不平在他面前都止息了，因为这个人释放出和谐的波动。如果这个人正好处在两个彼此憎恨的人中间，那么这两个彼此憎恨的人会暂时忘却敌意，这就是没有暴力的好处。如果能在思想、言辞及行为里不断地练习，整个人都会散发出这些祥和的能量。

在坚定无暴力者的面前，野生动物甚至也会忘记它们的本性。在古印度的神话里提到一座森林，里面住着许多圣人与哲人，他们练习、实行没有暴力的信念，肉食动物也只有在饥饿时才会猎杀其他动物，其他时候，牛和老虎可以并肩喝水。佛祖教化这个习性与练习，不论他走到何处，都带着和平、祥和与友善。

圣法兰西斯是另一个伟大的例子。

马哈马·甘地（印度国父）尽他最大的能力去实行并传播“不要暴力，要和平”的信念，从而把很多人聚集在一起。当然，他也曾经失败过，但他承认："我仍然在努力，我还没有那么完美。"他的一生都基于追求和平、不要暴力及真实的誓言，虽然并没有做到百分之一百，他却赢得了全世界"和平使者"的美名。如果甘地对"不要暴力"实行得很完美，也许刺客走到甘地面前的时候，也会忘记要射杀他了。所以，就算只是一点点的完美，甘地仍然被全世界所景仰与尊敬。

就算只是做到坚持一点点不要暴力的信念，就足够把我们的心灵提升至较高的境界了。

·我的感悟·

३६. सत्यप्रतिष्ठायां क्रियाफलाश्रयत्वम् ।

SATYA PRATIṢṬHĀYĀṀ KRIYĀ PHALĀŚRAYATVAṀ.

【SATYA：真实的、不说谎；PRATISHTHAYAM：建立了；KRIYA：行动；PHALA：结果；ASRAYATVAM：有助益的】

36 真实、不说谎的人，其行为和结果都变得有所助益。

建立了真实、不说谎的基础，瑜伽修行人就得到了可以不工作而获得工作成果的能力。换句话说，这些成果会自动出现。所有的本性都喜欢诚实的人，如此你不需要追逐成果，成果自然会追向你。

如果你一直很诚实，从不说谎，你所说的事情有一天都会实现的，即使你不小心说错了也是如此（这是可能发生的）。因为练习真实，字句会变得强而有力及洁净，诚实会观察你，它会一直希望与你在一起。

如果说了诅咒的话，那是可能发生的；如果说了祝福的话，那也是可能发生的。生活中越诚实越容易看到成果，如此一来，就会鼓励我们更加诚实。

有了诚实的基础，即进入了免于恐惧的境界。你不需要害怕任何人，你会有个开朗的人生。

当不再有谎言时，整个生命变成一本敞开的书，这只有在拥有一颗完全诚实的心灵时才会产生。当你的心变得清新又宁静时，真实自我会美丽地显现出来，我们因此了解，诚实其实就在我们的本性里。

一个绝对诚实的誓言，是连善意的谎言都不能说的。如果因为诚实而对别人造成麻烦、困难或伤害时，我们应该保持安静，不要说谎，也可以直言不讳地说“我不知道”或“我知道，但是我不愿意说”，这并不表示你应该袒护罪犯，因为不仅我们不应该说谎，也不应该造成别人说谎。如果是有意识地说谎，那么我们就变成了谎言的一部分。

事实上，在法律上，唆使他人犯罪的人，其应受的惩罚远比犯罪的人本身还要来得严重。所以，首先要追求诚实，那么诚实就会跟随你。同样的道理，你先学抽烟，那么抽烟就会教训你。我十分确定，没有人会喜欢刚开始抽的那几支香烟，刚开始抽的时候，会感觉难受、反胃甚至呕吐。慢慢地，我们可以吸入一大口，甚至可以不吐出来，最后香烟开始吸我们了。开始是我们在燃烧香烟，后来是香烟在燃烧我们，将我们的身体组织一点一点地燃烧，一点一点地破坏。

瑜伽不是一种盲目忠心追求的哲学。起初，是真的需要信心和信任，当你继续练习下去，每一步都将带给你越来越多的希望，越来越多的信心。只要我们做真实瑜伽修行人一天，我们就会有所改变，进而要求更多的练习与改变。

习惯是会蔓延的，就像其他习惯一样。所以，开始的时候一定要全力以赴，直到我们尝到了好处。同样的，某些糖果的味道可能有点儿奇怪，当妈妈给小孩糖果时，小孩可能会说：“不，不，我不要。”但是，如果偶然用点方法，让小孩尝过，小孩吃了还会再要的。一旦我们尝到练习瑜伽的好处，即使整个世界挡在前面，也阻止不了我们追求这个目标。

३७. अस्तेयप्रतिष्ठायां सर्वरत्नोपस्थानम् ।

ASTEYA PRATIṢṬHĀYĀṀ SARVA RATNOPA STHĀNAṀ.

【ASTEYA：不偷窃；PRATISHTHAYAM：建立了；SARVA：所有的；RATNA：实物或财富；UPASTHANAM：接近，来了】

---

37 不偷窃的人，所有的财富都会跟着来。

如果你想变成全世界最富有的人，这非常简单。你不需要跑证券交易所或去工作，你只要练习不偷窃就可以成为最富有的人了。

其实，我们全都是小偷，自觉或不自觉的，因为我们从大自然偷窃东西。每一分钟，每一次呼吸，我们都在向大自然偷窃。我们呼吸谁的空气？是大自然的，那并不是说我们就应该停止呼吸而死亡。相反的，我们应该以尊敬的心来呼吸，用它服务别人，如此就不算偷窃。

如果只接受而不回报，我们就是小偷。我们因贪婪而偷窃，总是希望少做一点，多得一点。很多人到公司上班，只是坐在那儿，整天打电话，安排自己的约会，从公司带回一些免费的用品，每个月照样领薪水。他们算不算偷窃呢？而我们是否也时常偷窃别人的想法呢？

如果我们能够完全免于贪婪与偷窃，满足于我们所拥有的，保持一颗宁静的心灵，所有的财富都将随之而来。我们无须去追求财富，它不久就会来找我们。

如果大自然知道我们并不贪婪，它会对我们有信心，知道我们不会为了自己而独占它。但是，通常情况下，当我们得到一些东西时，我们都希望把它们锁起来，然后把钥匙放在一个安全的地方，不管是钱还是物品，甚至是人。

举个例子，当我们想储存金钱时，它会感觉到："什么？我想要自由流通。人们把我变得圆圆的（硬币），所以我可以滚动。但我被锁住了，我找错人了，只要一有机会，我会立刻滚动离开。"有些吝啬的人从来就没有打开过保险箱。于是，钱在里面祈祷着："请释放我吧！"而听到了这个祈祷声的强盗，就必然会来拯救它。

相反的，如果我们保持着这样的态度："如果你想来就来吧！如果你想走就走吧！"接着所有的事情都会这么说："为什么要把我推开？让我留下来跟你在一起，别把我送走。"

我自己就有这样的经验，我从来就不锁住任何东西，东西来了就留下，即使我要它们走，它们也会求着要留下。我们可以从小孩身上看到这种情形。他们可能会来到我们的面前，坐在我们的腿上，但当他们想走的时候，如果我们试着抱住他们，他们会变得不耐烦，他们会想："什么？我到这里来是错了吧？"然后跑掉。再叫他们，他们会想："我不要去，这些人只想把我留在他们那儿。"相反的，如果小孩想走的时候，就让他们走，他们还会再跑向我们的。

另一种偷窃东西的方法是不让别人使用。假设我们拥有一千亩土地，大部分的地方都没有使用到，此时如果有人想买其中的一百亩，我们却不愿意卖，我们就是在偷窃这块土地的使用权。

如果某人的衣柜里有五十套衣服，而邻居却连一件也没有，这个人就是偷窃了邻居的使用权。因为有些人有能力买很多的东西，他们却抬高价格，再卖给穷苦的人。如果每一个人只买他所需要的东西，东西就会被留下来，价格也会降下来，世界的经济就是基于这一点的。

在美国，我听说过几千吨的麦子和马铃薯被倒进大海，只是为了维持市场的“适当机制”和价格。这些东西应该送给需要的人。但是，商人们只考虑到要维持价格，竟然没有想到饥饿的问题。这样不是犯罪吗？不是偷窃吗？

大地是属于每一个人的，一个拥有澳大利亚某角落的人，跟拥有世界上任何一块土地的人是一样的。在美国种植的东西可以先给其人民，多余的可以分给其他国家的人。如果我们知道如何去关怀和分享，任何地方都不会有贫穷与饥饿存在了。

很遗憾地看到世界上最富有的国家因为缺乏基金而关闭医院，却花费几百亿建造火箭、宇宙飞船和炸弹。难道上月球比照顾我们的同胞还重要吗？我不否认科学的发明与发展，我们都可以到月球去，那是很好的。但是，这只应该发生在所有的人都吃饱了、穿暖了、受好教育的前提之下。

印度南部有句谚语："胃要的是一片面包，头发却要一束花。"哪个重要？头发没有花饰，人照样可以存活；胃没有了面包，人是不能活的。所以，让我们先照顾胃吧，有多余的钱时再买花饰。

有许多人面临饥饿与死亡，却有一些人想上月球去。我们应该什么时候去月球？当我们让地球快乐的时候。人类如果不知道如何在地球上生活，到月球上也一样不会生活。

政府向几百、几千人偷取了快乐与健康，那是公众偷窃。当我看新闻时，我真的对这一切感到好笑。所有的事情都是基于害怕、尊严和比较，所有炮弹和火箭是因害怕而建造。就像有句话说："我非常怕你，所以我必须用炮弹和火箭来保护自己。"但是，下一秒钟政府又说："让我们做朋友吧！让我们来文化交流吧！"你怎么能两件事都做呢？

我看到另外一件事，美国很多的秘密计划就刊登在杂志上。有一次我读到一篇关于反导弹系统的文章，描述它是如何操作、如何计划的。我实在不明白它的本意是什么，如果我怕你，我不会说："我的口袋里有手枪的制作蓝图。"

如果明天我当了总统，我会跳上一架飞机到苏联（译注：本书原版写作完成的时间，是在冷战尚未结束的 20 世纪 70 年代），然后说："何必比较来、比较去的，让我们做朋友吧！我所有的，一定与你分享。你所有的，请与我分享。让我们忘掉敌意，和好在一起吧！”面对面地谈话，这样就可以一次性彻底地解决，或是说：“如果你现在想杀我，我就在这里，你可以做的。”虽然这可能是不适当的例子，但做事唯一的方法就是要绝对的诚实。至少一边应该毁掉它的反导弹系统或核武器。如果美国如此做，结果会怎么样？苏联会过来把我们吞了吗？

另外，我在杂志上看到一张照片，是一只被锁住的热线电话，有一个人手中拿着钥匙，俯瞰着电话。痛苦啊！痛苦啊！痛苦啊！现在科学家还得把环绕地球的所有卫星碎片列一张清单，这样才不会有国家把它们误认为飞弹了。

只要一点点的错误，整个世界就会遭殃。人总会犯错的。想象一下，多少轰炸机载满了核武器到处飞来飞去，难道能保证它们就不会发生事故吗？

所以，以现代所有的发明来看，我们实在是住在一个可怕的环境里。我们的祖先骑在马上或坐在马车里看起来实在快乐得多。他们可能吃着简单、天然的食物，他们的生活里可能没有收音机、电视机、电子产品、超音速飞机等，但在精神上，他们快乐和健康得多。

现在正是脱离焦虑的好时机，我们能过多久这样高度紧张的生活？

这样看来，富裕和金钱是没有关系的。最富裕的人是那些有平静心灵的人，没有紧张和焦虑的人。我们无法改变这个世界，我们无法阻止这些事情，我们能做的就是现在，此时此地，寻找快乐与平静。

如果我们活在当下，即使世界在一分钟之内爆炸了，也不会打扰我们。我们可以在紧张的情况下快乐，如果我们决定要快乐，没有人能让我们不快乐。任何事情都可能发生，一次地震可能毁掉大部分的世界，但我们不需要烦恼我们的将来，也不需要忧虑我们的过去——那已经是过去了，我们能把握的是现在的快乐。

我们无法改变整个世界，但是我们可以改变自己，像鸟一般的自由。我们可以在大灾难中保持平静，帮助别人，使自己更加平静。平静是会传染的。如果我们对别人微笑，别人也会对我们微笑，微笑是不需花钱的。我们应该散播快乐给每一个人，如果我们一分钟内就要死亡，为何不微笑、快乐而死？

只有当你能好好控制你的心，没有焦虑、没有个人欲望时候，才能过上无忧无虑的生活。

३८. ब्रह्मचर्यप्रतिष्ठायां वीर्यलाभः ।

BRAHMACARYA PRATIṢṬHĀYĀṀ VĪRYA LĀBHAḤ.

【BRAHMACHARYA：禁欲；PRATISHTHAYAM：建立了、确立了；VIRYA：生命之力——元气、精力、活力；LABHAH：获得、得到】

38 禁欲的人能获得元气、精力。

一个能够禁欲的人，他将获得精力、活力。维而亚（Virya）的意思是生命之力，拉巴（Labha）的意思是获利。当我们没有失去生命之力，我们就得到了能量。这样因储存而得到的方法是值得了解的。假借给予和爱之名，常常会因失去能量而使身心空虚；如果我们身心不够强壮，就无法得到富裕的灵性。

现在好多年轻人没有秩序且混乱，都是因为对生命之力缺乏认识。年轻人说："当你爱一个人，你怎能停止给予呢？"但是，爱情之外，他们不知道要给什么。有时候他们还传染了性病给对方。他们失去健康，并且破坏了所爱的人的健康。当你吸干我的血，毒害我身体的组织时，还能说是爱我的吗？当然不能。

如果你爱一个小孩子，你会让他吃一整盒糖果吗？那不叫爱。如果你真的爱这小孩，你会说："糖果对你并不好。偶尔可以吃一点，但我不会买整盒糖给你。"小孩虽然会不高兴，但却证明了你是一个有爱心的人。禁欲的情况就像这样。精力不足是因为缺乏元气，因为它已经被全部吸干了。

如果说性是表达爱的唯一方式，那么为什么兄弟姊妹之间有爱？母子之间有爱？父女之间有爱？所以，性不是表达爱的唯一方式。如果爱只是建立在身体的接触上，心灵绝对不会只满足于对一个人表达。今天是这个爱人，明天又是另一个爱人，第三天又是一个爱人，何处是止境？

精液是我们的生命力，它被适当地储存着，它能带给你许多元气。当它被全部吸入体内组织时，会转换成元气。性的能量储存在女性体内也一样会转换成元气的。这个生命元气可以帮助你和别人建立良好的关系。没有元气，我们无法给予别人任何东西，就像充过电的电池可以给予电力，没有电力的电池是没有力气的。所以，“禁欲”之意是要我们储存元气。

瑜伽修行人一定要谨记这一点，教导瑜伽不像教历史或几何学，老师必须传授一个生命力、一些思想给别人。如果他自己是疲惫的、衰弱的，像一块没电的电池，他又怎能教别人呢？所以，请将你的电池充满能量吧！

这并不表示得完全禁欲，只是适当，尽量储存你的能量。性的交往一定要以适当的方法，建立婚姻关系，与你的伴侣将能量储存起来生一两个小孩。毕竟，你得等能量储备够了，才能要求伴侣做那件事啊！

在印度，修行者的人生四阶段为：1. 学生时期——禁欲；2. 持家时期——结婚生子；3. 遁世时期——退隐；4. 超脱世俗时期——放弃、自制。

一个人在受完教育以前，应该完全地禁欲。储存了能量，他才可以成长得很好，头脑清楚。到了高中、大学时期，大部分学生开始学习性的知识。从学校毕业，结婚生子。

到了持家时期，结合你的知识和力量寻找一位伴侣，不要因为美丽而与伴侣结合，要想到美丽能维持多久？不管你用了多少化妆品，身体的美丽都不会持久。真实的美丽存在于性情高尚的理念、生命的目标里。有了崇高的理念，一个崇高的孩子就是你对这个世界的贡献。

表达你的爱和感情，但不要放纵，这是自然的一部分。即使是一对不想生孩子的夫妻，也不应该放纵情欲。即使是动物，也是有限制的。一只母狗一旦怀孕了，没有公狗会接近它；一只母狮子一年只生一只小狮子；有些动物甚至不在别的动物面前交配，比如大象。所以，以你自己的方式，按照你的人生阶段，要有所限制。

在印度的传统习惯里，持家时期之后的阶段是遁世时期。夫妻完成了他们的任务之后，开始完全追求灵性的提升。他们展开朝拜圣地之旅，或是住进修道院。在某些时候，他们甚至闭关，完全放弃世俗的一切束缚，他们不再是夫妻了。有时候，他们可能在禁欲或持家之后直接进入闭关阶段。但是，现在很多人都对“试婚”感兴趣，这就像我们到水果店买几个苹果，问老板多少钱。

“一块钱一斤。”老板说。

“这苹果好不好？”

“当然好啊！”

“我想吃吃看。”

水果店老板绝对不会答应我们的。他只会让我们闻一闻苹果，看看它们的大小和形状，但他绝对不会让我们在买之前先试吃。

人还不如苹果吗？是否应该让每个人在买之前都尝一口？所以，如果你要将纯洁的自己奉献给某人，你所奉献的是神圣而庄严的，为什么要让别人污染你的奉献呢？如果人们在结婚以前想互相认识，可以先做朋友，我们的前辈们都是这么做的。但在今天，大家谈自由，都在走极端。

遵守禁欲，我们所储存的不仅是身体的能量，也是精神的、道德的、智慧的，最终是灵性的能量。性欲能量的储存会转换成精气，称为欧加斯（Ojas），就像个人魅力一般，它滋润、调和了整个人格，建立神经网络，加强头脑的能力，平静心灵。

有一个英文单词和欧加斯相似：欧松（Ozone），即臭氧、新鲜的空气。在清晨日出以前，我们可以外出呼吸新鲜空气，此时的空气含有特别的磁场与能量，但太阳出来以后，这个效果就没有了。这就是为什么早上四点至六点之间叫作布拉马木乎尔塔（Brahmamuhurta），日出前的两小时，即神圣的时间，也是冥想最好的时间。

欧加斯（精气）被储存以后，将产生灵气或光辉。一位报社记者曾经写过一篇报道我的文章："大师让人们发出光辉。"大师怎么能让人发出光辉呢？是一些独特的瑜伽化妆术吗？不是的，每一个人都能发光，当他们储存了足够的精气，可以传导能量时即可发光。即使是地底下存留下来的碳，在密不透气的空间内存放一段时间，也会变得坚硬，内部结构变化之后，变成了钻石。如果你储存蜂蜜，它会变成结晶体。同样的，精气也会转换和散播的。

以上这些就是为什么禁欲是练习瑜伽很重要的一部分了。如果带着坚定的意志前来，没有什么是不可能的。一个佛祖改变了半个地球，一个耶稣改变了四分之三个世界，我们都有这个能力。我们知道了禁欲的价值，一定会让我们更强壮、快乐、健康、富有及充满喜悦。

३९. अपरिग्रहस्थैर्ये जन्मकथंतासंबोधः।

APARIGRAHA STHAIRYE JANMAKATHAMTĀ SAṀBODHAḤ.

【APARIGRAHA：不贪；STHAIRYE：确认；JANMAKATHAMTA：如何、为什么出生；SAMBODHAH：完全的光亮、启发、明了】

---

39 当真正不贪婪之后，生命是如何来、为什么出生就会完全明了了。

不贪婪就是杜绝贪心和囤积——这是一种偷窃的形式，或不接受赠予。我们时常接受赠予，这只是将来得付出义务的前提。如果某人带了礼物来看我们，第二天却打电话来说："记得我送给你的那个礼物吗？嗯，你是不是也可以回送我一点东西呢？"我们会觉得有义务这么做。即使是税收机构也不能接受礼物来减低税收，因为那不是真实的捐赠啊，那只是为了要获得回报而付出的。所谓捐赠，意思是给予是为了纯粹的给予，不为名誉，不为金钱或宣传、广告。

接受礼物会捆绑我们，让我们失去中立。心灵会说："你接受了他送的礼物，怎能说不利于他的话呢？"

如果我们十分坚决地不受义务约束，那么可以接受礼物。认为："我给他一个机会，让他以正当的方法使用金钱，我对这个礼物是没有义务的，他明天不应该因有所求而来找我。"这样就没有束缚了。

当我们的心灵没有了欲望和义务，就可以平静与清明了。我们有能力看清楚欲望将为我们今生带来什么。我们可以直接看到因果关系，因为我们已经脱离了它，我们不再被它束缚了。

४०. शौचात् स्वाङ्गजुगुप्सा परैरसंसर्गः ।

ŚAUCĀT SVĀṄGA JUGUPSĀ PARAIR ASAṀSARGAḤ.

【SAUCHAT：借着净化；SVANGA：为了你自己的身体；
JUGUPSA：不喜欢、厌恶；PARAIH：和其他的；ASAMSARGAH：停止接触】

---

40 借由净化，一个人会开始不喜欢自己的身体，也会停止接触其他身体。

当观察到净化、纯洁之境时，你会觉得即使是你自己的身体都是不洁净的。每分钟身体都会有分泌物，每秒钟都会排出不洁之物，如呼吸时会呼出二氧化碳，皮肤会排汗等等。

如果我们仔细地想想，似乎所住的地方都是非常肮脏的。不管我们喷洒了多少香水，它只是掩饰肮脏的气味。如果我们流的汗是有臭味的，我们会喷一些除臭剂；如果我们皮肤脏了，我们会扑点粉掩盖它。每一次我们想掩盖时，它总是又跑出来。当我们注意到这一点时，我们对身体会慢慢地不在乎。并不是我们忽视它，而是我们不再那么喜欢它了。

曾经花在照顾身体的时间，我们可以拿来做些别的事，像奉献、冥想或是读些圣书。

当我们认为身体不过是污秽物的呈现时，怎么还会被其他的身体吸引呢？这些引诱已经消逝，我们也省下不少麻烦。当我们花更多的时间在身体以外更有深度的事情上，最后总会走进精神领域，了解我们是真实自我，并不仅仅是这个身体而已。因此，我们对两个身体的结合就不再感兴趣。我们会这么想，那就如同两块布搓揉在一起——因为身体和布没有什么差别，一件是皮衣，另一件是棉衣。

真正的结合，不是两个身体的结合：一个男性的身体和一个女性的身体。什么是男性的和女性的身体？只是两块不同形状的肉而已，把两块肉放在一起，能得到解脱吗？当然不能，灵性的结合并不需要靠身体的结合。

人们误解了谭崔瑜伽（Tantra Yoga），认为是性的结合。其实谭崔体系说的是希瓦（Shiva）和夏克悌（Shakti），希瓦代表阳性层面，夏克悌则代表阴性层面，指的并不是肉体，而是在个人体内的正面与负面之气。

哈达瑜伽将人的心性称为太阳与月亮。哈（Ha）的意思是太阳，达（Tha）的意思是月亮。内在的太阳位于太阳神经丛里，内在的月亮则在脊椎底部。为了要合而为一，它们必须结合。这就是所谓上行气与下行气的结合。

《薄伽梵歌》里是这么说的："上行气与下行气要结合。"往下走的能量，应该要转回来，回到它的原点。因冥想而产生的能量会往上走，影响到某些心灵的腺体，然后开始产生琼浆液体。这个流动从脊椎的底部开始，通过神经，慢慢地建立起来，使它们更活跃，帮助它们几近不朽。

梵文"Amritam"（安瑞坦）即琼浆，它的意思就是"不朽的"。你的身体充满了光亮，它转变成瑜伽修行之身，也就是“将你的琼浆奉献给祭坛吧”这句话的出处。当然，喜欢喝酒的人把一瓶威士忌酒献上祭坛，然后拿回家当作神圣的食物，把它喝掉，心还真会骗我们啊！

我们应该知道经书里所说的奥秘，若只从字面上解释，我们可能被错误指引。举例来说，从祭坛上拿取奉献之水果，谁要那些水果？你认为神真的要吃那些水果吗？它的意义是我们奉献水果给神的心意。

我们是大自然里成长的树，我们的能量，我们的行动，我们的思想，我们所说的话，这些都是我们生命的果实。我们得依神之名奉献人类的利益，这就是圣经里所说的“禁果”。我们每个人都是一个亚当或夏娃，因为我们正吃着不该吃的果实。圣经的故事并不是说亚当曾经吃了禁果，而我们正承受着罪恶。我们现在就做着同样的事。

每本经书都有奥秘的故事，这是因为在古代没有适当的准备之前，他们并不想让每个人了解这精致的技巧。古代印度医学称为阿尤维达（Ayurveda），其中有一种方法叫作“卡亚－卡尔帕”（Kaya-Kalpa），能让整个身体返老还童。如果其技巧远近驰名，一定有很多人希望获得此技巧而让身体返老还童，只为了好好享受这世界，而非以无我之心来奉献。所以，它以密码词汇来解释，不会轻易被任何人所了解。

有一种草药，泰米尔语叫作目粟目粟开（Musu-Musukai），这是一种很强的药物，很容易被误用。它还有一个意思是“猴子”，开（Kai）的意思是一只“手”，使用这种药物的准备工作叫作“两只猴子的手”。因此，有人竟然砍下两只猴子的手来制作药物。无知的人为使自己得救而去伤害他们自己或别人了。

一旦我们净化了心灵，不用怀疑，会有人来告诉我们这些东西的真正意义和需要做的事情。“当学生准备好了，老师就来了。”这是一句著名的印度谚语。当接收者将频道调好了，音乐就会响起，我们不需要去邀请它们来。所有需要做的都是为了调和我们自己，然后不需要耽误一秒钟，老师就会以不同的形式出现。

如果我们自己没有准备好，即使四周有一百位老师到来，我们也学不到东西。老师是没有办法将知识硬塞给我们的，我们得自己准备好来接收。同样的，音乐就在收音机里，但收音机无法强迫喇叭震动而播放出音乐来。这就是为什么准备的工作——修炼道德行为——像持戒和规范一样都是很重要的。

只有在人类的有生之年，才可达到灵性的认知。有了认知，我们才能了解到身体是神圣意识的寺庙，也就是神圣意识本身。

४१. सत्त्वशुद्धिसौमनस्यैकाग्र्येन्द्रियजयात्मदर्शनयोग्यत्वानि च।

SATTVAŚUDDHI SAUMANASYAIKĀGRYEN-DRIYAJAYĀTMADARŚANA YOGYATVĀNI CA.

【SATTVASUDDHI：清净、纯洁；SAUMANASYA：心灵的喜悦；EKAGRYA：专注于一个点；INDRIYAJAYA：感官控制；ATMADARSANA：自我认识；YOGYATVANT：适合、健康；CHA：和】

---

41 此外，身体净化后，可以获得纯净、喜悦、专注、感官控制及自我认识。

当你认识了身体，心也净化了。当心净化了，你永远是快乐的，不需要怎么努力，心自然而然会专注起来。只有不纯净的心才会游移不定，一次又一次地强迫我们把它带回物质世界。在心净化后，所有的感官都被控制了，然后就能够认识与洞察自我，这些都是一开始遵守奉行就能获得的益处。

净化，要在思想、言辞与行为上纯净。瞧，多么简单！但是，我们却不想做这么简单的事，因为没有自豪可言。能跳过一个小小的水沟，有什么可自豪的？我们要跨越的是跳过去可能会摔断脖子的河流，因为自我从来不让我们接受简单容易的事。但是，即使我们练习净化只有一天，我们也可以享受其好处了。就像试用一般，感受到“今天我要做到绝对的纯净，绝对的禁欲，绝对的诚实”的好处后，你将被吸引而一次又一次地重复尝试。

४२. संतोषादनुत्तमः सुखलाभः ।

SAṀTOṢĀD ANUTTAMAḤ SUKHA LĀBHAḤ.

【SAMTOSHAT：由于知足；ANUTTAMAH：至高的、至上的；SUKHA：喜悦；LABHAH：得到】

42 知足，即可获得最大的喜悦。

知足的结果是一个人能得到最大的喜悦。知足的意思就是维持现有的一切，不需要到外面去寻找快乐。如果有某些事情来了，就让它来；不来，也没有关系。知足是不须去喜欢或不喜欢的。

·我的感悟·

४३. कायेन्द्रियसिद्धिरशुद्धिक्षयात् तपसः ।

KĀYEDRIYA SIDDHIR AŚUDDHI KṢAYĀT TAPASAḤ.

【KAYA：身体；INDRIYA：感官；SIDDH：超自然能力；ASUDDHI：不纯净；KSHAYAT：由于消除、清除；TAPASAH：苦行】

---

43 借由苦行修炼，身体和感官意识的不洁净被清除了，得到的是超自然能力。

苦行（Tapas，塔帕斯）的直接意思是“去燃烧”，在此篇第一段经文里讨论过。身体上的燃烧可借由断食来燃烧过剩的脂肪和身体里囤积的毒素；心理上的燃烧则是燃烧掉旧有的印象；口头的燃烧则是噤声，因而得到宁静。燃烧时，我们会感觉到一些热度与痛苦，我们要承受痛苦。所以，“苦行”也有接受痛苦之意。如果有人经历了，他是有福的，因为有了这样的经历，那些不纯净会被洗涤干净。

为了使我们的心灵清净又稳定，我们得接受痛苦和贫穷。如果我们能接受痛苦，则可得到更多的好处，并将快乐带给他人。所以，要能接受他人的痛苦，接受痛苦是绝不会有损失的，痛苦越多，得到的越多。我们是不需要逃避痛苦的。

在我们的生命中，有好几百次机会去接受痛苦。即使是一件衣服，也必须经历“痛苦”才能变得干净。洗衣服的人要怎么洗我的衣服？他是不是把衣服折好后放些檀香精和一朵花在上面，然后还给我？不是的。首先，他把我的衣服浸在肥皂水里，然后从四面拍打它，然后翻过来、卷过去，在洗衣机里脱水，然后烘干、烫平。唯有这样，衣服上的污浊和尘垢才能洗净。衣服要历经痛苦的过程才能变得清洁。洗衣工在洗衣服的时候，对衣服并没有仇恨，他只想把它洗干净，他是出于爱心，才对衣服施加打击（洗衣）。心也是一样，必须洗净、挤压、掷、抛、烘干、烫平。

如果有人带给我们痛苦，不要认为他们是恨我们，而是他们在帮助我们，以净化我们。如果能这样想，就是真正的瑜伽修行人。如果有人伤害我们，应该对他们笑一笑，说声："谢谢，我还要更多的伤害。我知道你希望我变得更纯洁，不妨把你的朋友也带来对我施加些痛苦吧！"如果能够了解这一点而接受它，我们就不会对谩骂、侮辱我们的人挑毛病了。

如果绚丽的话语让我们快乐，而侮辱让我们沮丧，那说明我们还不够成熟，因为辱骂会帮助我们了解自己的弱点。我的老师说过："适应、调适、接受、忍受侮辱、忍耐伤害，这就是最高的灵性练习。"

到某个角落诵唱经文是很容易的灵性练习方式，任何人都可以这么做。但是，如果我们在被侮辱时仍能维持平静的心灵，这比数念珠、念一千遍祈祷文还来得高深，这就是"接受痛苦"。

控制身体和感官的能力来自于接受痛苦，如此我们就能面对任何情况，还有什么能影响我们呢？如果有人说我们很了不起，接受它；高喊我们是愚蠢的人，也接受它。

某次，有一个人想让一位圣人生气。他开始羞辱圣人："你这个无赖，你看有多少人因为你的教导而毁了？"圣人安静不回答，对这位痛苦的人微笑着。

“你听不懂我说的话吗？”这个人问道。

“我听得懂。”

“你的意思是听得懂我对你的侮辱？”这个人怀疑地问。

“是的。”

“那你怎么还能保持安静呢？”

圣人回答：“孩子，如果你送一些水果给我，而我不想要，你会怎么做？”

“我只好带回去啦！”

“是的。”圣人继续说，“同样的，我不喜欢你送我的那些话。所以，你就把它们带回去吧！”

用这种方法处理事情需要真正的勇气和毅力。一个人如果只能以身体的反击对抗侮辱，只能说他的身体比较强壮，但他的精神却比较脆弱。精神上的力量表现为接受痛苦，接受了痛苦，这种痛苦就不再是痛苦了，而是快乐，因为我们了解到它的好处。

再举一个例子：母亲生小孩是多么快乐的事啊，虽然分娩的过程可能非常痛苦，但她绝不会避开痛苦；相反的，她欢迎这种痛苦，因为她知道在这痛苦之后带来的是最珍贵的回报。

४४. स्वाध्यायादिष्टदेवतासंप्रयोगः ।

SVĀDHYĀYĀD IṢṬADEVATĀ SAṀPRAYOGAḤ.

【SVADHYAYAD：读灵性书籍、圣书；ISHTADEVATA：选择的神祇；SAMPRAYOGAH：交流、沟通】

44 借由读圣书，与所选择的神沟通。

再谈“灵性进修”，意思是指读圣书以及我们任何个人在启引后的灵性练习。当规律的练习变成了学习，借由学习，我们就能够与所选择的神祇交流沟通。

不断地努力，我们会看到自己念颂的相关神祇，每一个名字都有一个神，每一个名字都有一个形象。如果我们紧盯住某个名字，不断地练习，最后形象会自动出现。出现的可能是个人形，或是一道光，或是一个声音。

·我的感悟·

४५. समाधिसिद्धिरीश्वरप्रणिधानात् ।

SAMĀDHI SIDDHIR ĪŚVARAPRAṆIDHĀNAT.

【SAMADHI：三摩地；SIDDHIR：成就、达到；
ISVARAPRANIDHANAT：由于完全的信神、向神顺服、将自己交给神】

---

45 完全向神顺服，将可到达三摩地的境界。

将所有的东西奉献给神或人类，为什么要将人类加进去？当我们要奉献东西给神的时候，神在哪里？他是谁？神是坐在某个地方等着我们给他东西吗？

神创造了这个世界，这个世界本身就是神，所有我们以外的都是神。当我们为了人类的利益，将生命奉献给神，我们就是将自己奉献给神。

只要我们以宽大、服务世界的态度来做事，我们就能做任何事情。

我们可以清洁桌子、整理椅子，做周遭所有的事。如果我们仁慈地将椅子从这个角落搬到另一个角落，我们是在服务它们；如果我们粗暴地拖行，它们会哭。任何东西，如果以粗鲁的态度对待，它们都会感到疼痛。对所有的东西，都应该以轻柔、瑜伽的态度对待，包括汤匙、叉子、盘子等。

这让我想起了好朋友大卫所写的一篇文章，他是一位本笃会的和尚，他说当他在洗碗的时候，如同感觉到神在说话。如果你温和地对待这些碗盘，它们会发出美妙的叮当声；如果你把它们丢来丢去，它们会哭的。所以，洗碗也可以当作一种礼拜。我的老师希瓦难陀说：“以正确的态度，用魔术棒将所有的工作转变成瑜伽。”

有很多人对如何立即进入三摩地的境界非常有兴趣。其实我们是可以做到的，就是现在，就在这里，不需要等待能量上升到达顶轮，只要我们能将自己完全奉献出来，就可以立刻进入三摩地的境界了。

一旦我们将所有的东西交给神，即放弃了权利、名分、要求，不再拥有任何东西，如此就没有烦恼了。所有的烦恼都是因为对拥有的事物有所执着。

所谓的执着指的是精神上的，而非身体上的。当心灵已经不再对任何东西执着时，我们可以自然地拥有一些东西，这是连续的三摩地。我们不应该认为三摩地的意思就是坐在一个角落，忘掉自己，身体一动也不动，像块岩石一般。真实的三摩地意指心灵的宁静，只有当我们奉献出所有的一切事物，不再对任何东西有所执着、依恋时，才能得到解脱。

通常我们什么东西都想要：名字、名誉、金钱……我们被这些欲望所包围。印度有一句格言：“如果一个人对编织有兴趣，他就不应该养一只猴子当宠物。”因为不管任何时候，他编织了一件衣服，只要离开一会儿，猴子就会把它扯坏。同样的，如果一个人想要平静，为什么他还要拥有东西呢？这两样是永远不能共存的。

没有任何宗教、先知、圣人说过，你可以平静也可以同时拥有东西。

只有一颗没有欲望、完全不受任何束缚的心，完全坦然，才能平静。《薄伽梵歌》里说："完全的奉献，无限的平静。"意思是把所有的东西献给世界，或是献给你周遭的人，或是全部交给神，你就能得到平静了。

向神顺服、将自己交给神是一种简单的方法。《薄伽梵歌》里说："依我之名去做所有的事，那么你就会得到平静与快乐了。"如果了解这一点，我们甚至不须念完这本圣书。但是，有些人有不同的需求、品位，这就是为什么圣书要给大家介绍不同的修行方法了。

有时候，母亲会从不同的盘子里舀食物喂小孩，只是为了多一点变化，其实小孩吃的东西是一样的。吃哪个盘子的东西都没有关系，只要小孩能吃进去。要了解"完全奉献"的意思与方法有成百上千种，无论是宗教或哲理，最终都只有一个目标，我们想要达到的是精神的层面。

只要练习这些道德里的一项，其他都会跟随而来。如果一个人很完美，专心致志，冥想静坐，甚至三摩地都自然地随之而来。当一项道德变成了我们的本性，心灵会变得既清洁又宁静，根本就不需要去练习冥想静坐，我们自然而然地随时都在冥想。

४६. स्थिरसुखमासनम् ।

STHIRA SUKHAM ĀSANAṀ.

【STHIRA：稳定、平稳；SUKHAM：舒服；ASANAM：姿势】

46 体位法是一种稳定、舒适的姿势。

体位法（Asana）的意思是能够带给你稳定又舒服的姿势，亦即任何能带来舒服和稳定的姿势，都是一种体位法。如果你能做到一种舒服和稳定的姿势，那就够了。听起来似乎很简单，但是有多少种姿势会让我们真的觉得舒服和稳定呢？

一旦我们的坐姿特别一点，就会感到这里有点儿抽筋，那里有点儿疼痛。我们得这边、那边动一动。我们不断地被我们的腿、手、臀部和脊椎提醒。除非身体非常健康，没有毒素，没有压力，否则一个舒服的姿势是不会那么容易做到的。身体和精神上的毒素会产生僵硬和紧张而使身体僵硬，这会让我们受到伤害。除非我们够柔软，才不会受伤。

我想起一段小草与大树之间的对话。

小草和大树都生长在丛林里一条水流湍急的河岸边。有一天，大树往下看到了小草，说："嗨，你这个微小的东西，为什么要依着我站？你不感到羞愧吗？你看我多大、多壮、多高、多么刚毅啊！即使是大象，也推不动我。但是，看看你，哈！你实在不该到这儿来。人们会看出你我的差异，他们会取笑你的。你为什么不搬到别的地方去？"

小草仰着头说："先生，我能怎么办？我不是故意来这儿的，我只是碰巧长在这儿。我知道我没有你强壮、坚固，请原谅我的出现。”

“好吧！”大树发出隆隆声，“记住你自己的地方。”

这一段谈话发生在一个雨季。

第二天，下了一场大暴雨，丛林里河水泛滥。洪水冲过河岸，冲垮了岸边所有的东西，也把大树冲断了；但小草弯下腰来，让水从身上流过。当洪水流过后，小草又站起来，它东看看、西看看，奇怪地说：“那棵大树呢？怎么不见了？”

此时，从老远的地方，传来大树的回答：“我被洪水冲垮了。我应该像你一样谦虚、简单、柔软，现在我完了。”

我们所需要的是钢铁般的毅力，但也要有钢铁般的可塑性——不像生铁，坚硬易碎。身体一定要很柔软才对，想怎么弯就能怎么弯。这样的身体永远是健康的，不会紧张。如此去冥想静坐，很快就会忘却一切而入定。

要达到这样的冥想姿势，我们要先练习一些基本姿势，哈达瑜伽就是为此而产生的。人们试着安静地坐着，但很难真正做到，因为会碰到疼痛、僵硬、坏脾气、胀气等状况，他们会想：“为什么会这样呢？我要怎样才能摆脱这些状况呢？”于是，他们了解到，那是因为吃的食物不对，吃东西的时间不对，吃的量不对，因而产生了毒素。这些人开始思考："什么样的食物不会有毒素？食物的量是多少？何时是适当的进食时间？"最后，他们归纳总结，因而产生了所谓的"瑜伽饮食"，那就是不吃肉类、鱼类、蛋类、刺激物以及不使用过多的调味品。

接下来的问题是如何处理已存在体内的毒素。他们得到的结论是：由各方面去挤压身体就可以去除毒素了。举例来说，他们发现做前弯的动作（即向前弯曲），稍微挤压胃部，可以清洁肝脏、脾脏和肠。

如果这样还不够，他们又发展出"瑜伽身印"，这样可以挤压更多的毒素。如果还有毒素存在，接下来则是做"孔雀式"。如果这样还是不足，他们又创造了"吊胃式"以及"胃部滚动"。

当背部僵硬不想动时，那么你就专心去做前弯、后弯、侧弯或倒转的动作。

虽然哈达瑜伽已经有几千年的历史了，但它是不会过时的，事实上，它将会永远流传。就像金子一般，有些东西会因时间而失去价值，但金子的价值永远不变。

४७. प्रयत्नशैथिल्यानन्तसमापत्तिभ्याम् ।

PRAYATNA ŚAITHILYĀNANTA SAMĀPATTIBHYAṀ.

【PRAYATNA：坐立不安、心神不定的本能倾向；SAITHILYA：借着减少、减小；ANANTA：无限的；SAMAPATTIBHYAM：冥想在……之上】

---

47 借由减少心神不定，并冥想在无限的苍穹上，可以熟练体位法。

由于感官想尝试许多东西，让身体承受了许多毒素。换句话说，我们应该控制这些事情；同时，通过冥想于无限的苍穹宇宙（神）——任何伟大、崇高、安定、完善之上，我们可以达到平静与稳定。微小的事物比较容易动摇。所以，我们可以想着大地、天空或是一座巨大的山，它们是多么稳定啊。

按照印度传统习俗，献身者（练习者）要想着阿弟塞夏（Adisesha）——有一千个头的眼镜蛇，传说它将世界放在头上。如果你从字面上去想象，好像很愚蠢。但是，这条眼镜蛇所代表的是一种引力之气，即生命之力，因为大家相信眼镜蛇生活在空气中。

不过，每个人都可以按照其传统和信仰去冥想任何东西。纽约人可以冥想帝国大厦——想它的伟大基座，它是多么地稳定坚固，能够承受一百多层的大楼。欧洲人可能会说："我要像直布罗陀的岩石一般稳固。"或者可以想象我们是个雕像或死尸。

如果身体稳定了，那么心灵也会稳定下来。我的一位老师——一位伟大的谭崔瑜伽修行人，曾经这么说："你不需要重复地念祈祷文或诵经。只要安静地坐三个小时，一动也不动，眼睛不眨一下，那么所有的事情就都能轻易地完成了。”如果我们能坐那么久，心灵会自动地被控制住。

通过身体，我们对心灵有煞车的作用。心灵老是会这么想：“现在是电影时间，我应该出门去看电影了。”或是：“我肚子饿了，我得吃点东西。”但是，如果我们决定“我三个小时都不要动”，心灵最终是要服从我们的，因为它需要身体的合作，以得到任何东西（境界）。这是练习体位法的好处。

控制心灵还能达到其他的成就。比如吃东西，你限制自己一天在固定的时间吃定量的食物。又如立誓限制自我行动，“我一年之内都不离开这个房间”或是“我半年之内不会离开曼哈顿”（纽约之一区），也许第二天就有人给你一张飞往加州的免费机票。考验马上来了。

我们可能都有过这种经验，当我们一决定要断食时，朋友就带来好吃的东西。这让我们很难过：“今天我才决定要断食，他昨天可以把这个蛋糕带给我啊。嗯，我想还是延到明天再断食吧。”这样我们的练习就失败了。当我们立了誓，就要坚守它，因为会有很多考验来引诱我们破除先前的决定或誓言。

在印度哲学里，特别是印度南部的塞维森（Saivism：印度教的一个宗派，敬拜湿婆神）有六十三位信仰湿婆神的哲学家和圣者，叫作纳杨纳思（Nayanars），他们懂得真理，起誓坚守它，即使牺牲生命亦在所不惜。其中一位是个国王，他发誓："如果我看到任何人的额头上有圣灰，我会视他如湿婆神，他要什么我都会给他。"过了一会儿，考验来了。他的敌人——另外一位国王，知道了他起的誓言。于是，他就装扮成一位哲学老师，在额头上擦了圣灰，身上藏了一把小刀前往皇宫。当他抵达的时候，便问守门人可否觐见国王。

他被带进皇宫，国王的侍卫塔塔向他要通行证。"我来教导国王一篇很重要的经文，我是哲学老师。"但是，侍卫对他有些起疑，觉得好像认识这个人，就告诉国王："我怀疑他，我觉得他是你的死对头。"

"我看到他的额头上有圣灰。"国王回答，"他是湿婆神派来教我经文的，让我跟他学习。"国王转身对这位伪装的敌人说："请坐。"

这位哲学老师说："这是一篇非常神圣的经文，只能教给适当的学生，你就是那个适当的人；你的大臣不够资格聆听，他应该离开。"

国王请塔塔离开，塔塔说："你真的要我离开吗？"

"是的，你必须离开。"于是，塔塔被迫离开了。

国王向这位假老师鞠躬，就在这个时候，敌人的小刀刺进了国王的身体，国王发出了痛苦的叫声。塔塔冲了进来，拔出刀子。国王说："塔塔，他是我的神。别报复，也不要让这个国家的任何人伤害他，让他安全地离开。"此时，国王嘴上一直念着湿婆神的圣名，就在他呼出最后一口气的时候，他见到了湿婆神。

其余的六十二位哲学家和圣者也都了解要付出生命的代价。宣誓、坚守背后意义是：我们成为心灵的主人，不再对心灵仁慈、宽厚、怜悯，一旦我们立了誓，就应该坚定意志、固守着它。

印度的婚姻制度也是建立在这样的原则之下。如果一方过世，另外一个则活在对他（她）的记忆里，算是一种自制、克己，绝不再结婚。虽然先生可能是个醉汉、恶人，但太太会说："他是我的神，神把他给了我，不论他是什么样的人，我都会接受的。"这是一种伟大的修行。

有个相关的谚语："他也许是块石头，也许是根草，但他仍然是我的先生。"太太说道："让我来适应、调整，让我和他生活在一起吧。"由于她们对神的信仰，很多女人把罪孽深重的先生改变成真实的圣人了。

·我的感悟·

४८. ततो द्वन्द्वानभिघातः ।

TATO DVANDVĀNABHIGHĀTAḤ.

【TATO：其后、据此；DVANDVA：二元性、二重性；ANABHIGHATAH：不会被打扰、扰乱】

48 学会体位法之后，就不会被二元性扰乱了。

如果你能做出既稳定、又舒服的姿势，那么你就不会被二元性扰乱了，即不会被热与冷、赞赏与责备、获利或损失而影响了。你是中庸的，不管别人祝福你或诅咒你、夸奖你或泄你的气、得到一百万元或失去一百万元，你都会是中立的。

借着体位法，你就可以超越二元性了，因为心灵已经被你掌控了。即使它想哭，也会先征得你的同意："有事情要痛哭，我可以哭泣吗？""是的，否则人们会以为你疯了。来吧，哭一下吧。"有的时候得与这个世界在一起，有的时候当其他人都在哭泣时，我们也得哭，但我们是可以控制的。有的时候我们也得生气，但这些情绪要想发泄出来，要先得到我们的允许。

४९. तस्मिन् सति श्वासप्रश्वासयोर्गतिविच्छेदः प्राणायामः ।

TASMIN SATI ŚVĀSA PRAŚVĀSAYOR GATI VICCHEDAḤ PRĀṆĀYĀMAḤ.

【TASMIN：那个；SATI：获得；SVASA：吸气；PRASVASAYOR：呼气；GATI：动作、姿势；VICHCHHEDAH：控制；PRANAYAMAH：气的控制】

---

49 体位法稳定后，应该要能控制吸气与呼气的动作，这就是呼吸法或气的控制法。

在体位法已经能够随心所欲之后，我们得借着控制吸气与呼气来调整身体的气。有些人认为把气控制在体内越久越好，直到神经被拉紧。这是不对的。我们的呼吸应该很温和、缓慢且能完全控制，没有剧烈的摇动。举例来说，练习“净脉呼吸法”时，鼻孔互相交换着呼吸，开始的时候缓慢轻柔，没有闭气。练习过一段时间后，才可以将闭气加入。

气是宇宙间的能量，没有这个气，就没有东西能移动或发挥功能。就像汽油能让车子发动，电力通过灯泡而发射出光亮，甚至我们的思想都被气所推动。

至于气的控制，是直接与气打交道，所以必须非常小心。气不是那么容易控制的，需要花时间练习。我们每个人都有储存气的地方，犹如每辆汽车都有油箱，当汽油用完的时候，可以打开来加油。

神更明智，它给我们一个储存气的地方，比我们平常用的还要大上好几百倍。这个地方叫作昆达里尼（Kundalina），即螺旋之气、能量，人们谈论许多关于提升它的方法，但他们连每天要呼吸的基本之气都不会控制，那么去练习启发能量之气又有何用呢?

为了我们的安全，一定要先准备好、练习好一般呼吸以后，才能练习提升能量之气。在适当的时机，这个储存能量的地方会自动释放能量。所以，千万不要为了唤醒能量而去做困难又剧烈的呼吸练习。

·我的感悟·

५०. बाह्याभ्यन्तरस्तम्भवृत्तिर्देशकालसंख्याभिः परिदृष्टो दीर्घसूक्ष्मः ।

BĀHYĀBHYANTARA STAMBHA VṚTTIR DEŚAKĀLA SAṀKHYĀBHIḤ PARIDṚṢṬO DĪRGHASŪKṢMAḤ.

【BAHYA：外部的（吸气）；ABHYANTARA：内部的（呼气）；STAMBHA：静止的、不动的（闭气）；VRITTIR：变化、改变；DESA：空间；KALA：时间；SAMKHYABHIH：数字、数目；PARIDRISHTO：调整、使有条理；DIRGHA：长；SUKSHMAH：短】

---

50 **呼吸的控制有吸、呼、闭气。它们是由地点、时间和数目来调整的，有长的呼吸，也有短的呼吸。**

巴坦加里在这里谈到呼吸的停留，即呼气与吸气之间的闭气。一个人对闭气要格外的小心。无论如何，他应该在个别的指导之下，做适当的练习，不可以逾越老师的教导。气是非常强的力量，就像如果没有眼镜蛇训练师在一旁指导的话，我们不应该去逗弄眼镜蛇。

根据巴坦加里的说法，呼吸法有三种：吸气、呼气和闭气。通常，我们只教吸气的闭气，因为这既简单又安全。在我们获得益处之后，也可以练呼气的闭气。

巴坦加里也谈到根据地点、时间和数目，呼吸法也有一些变化。地点的意思是指呼吸时我们要把意识放在哪里：脊椎的底部或中间或更高的地方等。时间的意思是指我们闭气要持续多久。数目指的是吸气时数的数目，呼气时数的数目以及闭气时数的数目。

通常练习交替呼吸法时，我们保持1∶2的比率。如果吸气时数到五，呼气时就要数到十。当然，这并不是指呼出的气是吸气量的两倍，而是呼气要比吸气慢一倍。如此，我们才可以控制我们的呼气。通常来讲，我们呼气要比吸气快许多，在练习呼吸时则要与平时的习惯相反，以控制非由意志所控制的肌肉。

借由调气，我们也调整了心灵，因为它们一向是同时进行的。如果一样被控制了，另一样也会同样地被控制。这就是为什么巴坦加里认为气的控制是这么重要了。

控制和纪律在我们生命中是非常必要的。没有纪律，什么事都做不成。整个世界是有规律、有秩序的。如果所有的事都是随随便便的，就不会有任何伟大的科学发明了。

如果太阳、月亮和地球的旋转没有秩序，火箭升空要如何计算呢？如果地球突然决定："我已经厌倦了以这个速度来旋转，我何不转快一点呢？"那么阿波罗任务要到哪儿去呢？科学家之所以可以分裂原子，正是因为原子以特别的速率有规律地运动。

环视整个大自然，我们观察到纪律。只有人类，假自由之名说："我想做什么就做什么，我不要纪律，就没有任何事情能约束我。"如果我们知道要如何遵守特别的纪律，没有人需要约束我们或告诉我们该怎么做；但是，当我们不知道要如何遵守特别的纪律时，就应该听从那些已经知道该怎么做的人。

“我有一辆车，每小时可以行驶七八十公里，我知道要如何驾驶，为什么要遵守每小时五十五公里的限速呢？为什么要注意交通信号呢？”所有这些已存在的纪律都会剥夺我们的自由吗？不会的，它们是为了我们的安全。如果没有摄像头监控，我们还想把油门再踩下去一点、开得更快一点。

以个人来说，“我感谢那些设下限制规定的人。否则，我可能不知道我会飙到多少。”如果我们以正确的理解来接受这些纪律，我们还会欢迎它们呢！

苏卡普瓦卡（Sukha Poorvaka）是一种既简单又舒服的呼吸法，吸气与呼气的比率是 1 ∶ 2——以数五下开始，吸气数五下，呼气数十下，慢慢地把吸气数的数字加到十，呼气数到二十；这样按比率练习一段时间后，再加上闭气：吸气数十下，闭气数五下，呼气数二十下，然后保持十（吸气）对二十（呼气）的比率；接着，你可以增加闭气的时间，从数五下，到十五下，再到二十五下，到四十下停止。从这一点开始，练呼吸法的次数也应该慢慢地增加。

也许你会看到有些瑜伽书里写着 1 ∶ 4 ∶ 2 的比率，立刻就开始练习了，然而这既不健康又危险。并不是练呼吸法的比率会帮助你，而是练呼吸法总量上的伸展会帮助你。所以，即使没有闭气，若能尽力做三十到四十次的鼻孔交替呼吸法，就有很大的助益了。

५१. बाह्याभ्यन्तरविषयाक्षेपी चतुर्थः।

BĀHYĀBHYANTARA VIṢAYĀKṢEPĪ CATURTHAḤ.

【BAHYA：外部的（吸气）；ABHYANTARA：内部的（呼气）；VISHAYA：事物、物体；AKSHEPI：专心；CHATURTHAH：第四】

51 控制呼吸还有第四种方法，是专注于内在或外在事物时产生的。

第四种呼吸法是会自动产生的，我们不需要专注在闭气上，只要专注在选定的东西或念头上，就会自动闭气，这叫作“开瓦拉孔巴卡”（Kevala Kumbhaka），即在深度冥想时自然产生的无意识又轻微的闭气。当心灵静止了，气也会静止的。

当我们很专心地读一本喜欢的刊物时，会不自觉地屏住呼吸，此时如果留意气息，会发现难以呼吸。如果正专心时被打搅了，我们会深深地吸一口气，正好补上了闭气。同样的，如果突然传来可怕的消息，我们的呼吸会暂时停止，接着我们会做深呼吸。那是因为突来的消息让我们的心停止了，也让呼吸停止了。

当我们在诵经或冥想时产生了闭气情形，那是很好的现象，因为只有当你的身体组织准备好了，才会产生这种现象。如果我们非常专注并且入定，呼吸甚至可能会停止数分钟之久。在三摩地的境界里，有时呼吸会停止几小时，但人却不会死亡，因为在这种境界下不会消耗能量，能量被保留下来了。

通常来说，我们会消耗许多能量，所以需要不断地储存更多的能量。

就像我们开车时，车子的点火器、喇叭、方向灯等都会消耗电瓶的电量。当电瓶的电被消耗时，引擎内的发电机就会输入更多的电流。如此一来，电瓶又能维持它的电力了。

如果发电机产生过多电流，电池会过热而损坏。所以，需要断流器来控制它，也就是在发电机过热以前，截断电流。虽然发电机仍然在产生电流，但电流不会进入电瓶。然而，人类并没有断流器，除了我们自己，没有任何东西可以限制住我们。

当我们将车子熄火，停在停车场，电瓶的电不再消耗，也就不需再输入更多的电了。同样的道理，当我们互相交谈时，是在消耗人类的电流——气，所以需要加入更多的气。

我们的呼吸系统就好比发电机，吸气是为了吸收更多的气，以维持电瓶的电力。如果我们不说话，就不需要吸入那么多的气了。如果我们摆动四肢，我们得加入许多能量。如果我们保持不动的姿态，可以保留能量；但心还是会乱跑，消耗能量，所以，我们还是得吸气。如果我们完全不思考，完全没有消耗，就不需要呼吸，自然而然就不呼吸了。

圣人提鲁木拉（Thirumular）说：“心往哪里跑，气就往哪里跟。”它们是分不开的，如果心灵先被控制住了，呼吸也就被控制了，但哪个重要？心灵还是呼吸？哪一个比较容易控制？精微的还是整体的？

蒸气、水和冰哪一种比较容易控制？要将冰块放下来，只要往地上放就可以了；水则需要容器来盛；至于蒸气，就需要有盖子的容器。尽管蒸气、水和冰的状态不同，但本质都是一样的。同样，整体的状态（身体）要比精微（精、气、神）的更容易控制。所以，首先我们要练习控制身体，然后是呼吸的流动，最后是心灵。这是非常科学、平稳、容易的。

·我的感悟·

५२. ततः क्षीयते प्रकाशावरणम् ।

TATAḤ KṢĪYATE PRAKĀŚĀVARAṆAṀ.

【TATAH：结果；KSHIYATE：揭开、消灭；PRAKASA：亮光；AVARANAM：面纱、面罩】

52 于是，我们揭开了遮住内在亮光的面纱。

巴坦加里现在要谈控制气的益处了。内在的亮光被心灵上的黑暗给遮住，我们则要将蒙住内在亮光的面纱给揭开。什么是揭开面纱最好的方法？把线抽出来，一根一根地抽，直到抽完为止。

心灵是思想编织的面纱，本身并无实体。如果我们将思想一点一点地拉出来，当全部都被拉出来时，心灵就不存在了。就像一堆白糖，如果我们每次移开一点，一次又一次地移开，一堆糖就不见了。事实上，“一堆”这个词是无意义的，在现实里，堆并不存在，只有糖存在。

又如木头被制成各种东西：椅子、桌子、板凳或是柴薪，不过是不同的外表被换上不同的名字而已。虽然外表改变，本质还是没变的。

我们的本质就是自己，只要我们能分辨身或心，我们就是人类。呼吸控制法揭开了这层面纱，它间接地帮助我们认识了“一”的意义，一个永远不变的一。它是个简单的练习，这也是为什么上冥想课的学生寥寥可数，但却有成百上千的人来上体位法和呼吸法的课。

५३. धारणासु च योग्यता मनसः ।

DHĀRAṆĀSU CA YOGYATĀ MANASAḤ.

【DHARANASU：为了专注；CHA：和；YOGYATA：合适了；MANASAH：心灵】

53 心灵就适合去做专注的练习了。

如果蒙住内心亮光的面纱被揭开了，就适合做专注的练习了。

·我的感悟·

५४. स्वविषयासंप्रयोगे चित्तस्वरूपानुकार इवेन्द्रियाणां प्रत्याहारः।

SVA VIṢAYĀSAMPRAYOGE CITTASVARŪPĀNUKĀRA IVENDRIYĀṆĀṀ PRATYĀHĀRAḤ.

【SVA：他们自己；VISHAYA：事物；ASAMPRAYOGA：撤回、内敛；CHITTA-SVARUPA：心灵的特质；ANUKARA：模仿；IVA：如它一样；INDRIYANAM：感官；PRATYAHARAH：抽象过程、观念】

54 当感官从外在和模仿的事物往内心去感觉时，叫作感官内敛。

练习了呼吸控制法，心还未完全适应，因为还有其他事牵绊着我们——那就是感官。它们老是跟心说："橱窗里有个很棒的东西，来呀，何不把它买下来？"或是："你有没有闻到很香的食物味道？准备好，把你的手洗一洗，有些好吃的东西煮好了。"心可能已经安静下来，可是鼻子还没有。当鼻子说有东西准备好了的时候，舌头说："唾液已经准备好了。"眼睛说："我可不可以看一下？"我们必须要有一条很好的缰绳，把这些不安分的感官拴起来。

在《薄伽梵歌》里描述了感官的战争，那是很奥妙的，如同战场一般。战场就是这个世界，动乱的生活使我们迷惑；一个人被困惑了，他向奎师纳神求救。

"先生，"他说，"我的能力有限，我怀疑自己无法赢得这场战争。请你拿着缰绳，驾着我的双轮战车，让我安静地坐在你的后面，然后做你让我做的事。"

当奎师纳神变成了他的驾驶者，阿朱纳（战士，代表个别的自我）变得非常稳定与平静。双轮战车的白马——眼、耳、鼻、舌、身，这些感官应该为奎师纳神服务，它们被缰绳控制了。除非它们被适当地约束，否则总会把心往外拖。

当心从感觉的事物转往内在时，感官也从外在个别的事物向内转。因此，如果允许感官往外看，它们会四处捕捉外界的纷纷扰扰；如果它们转向内心，则会看到内心的纯洁，而不会迷恋外界的形象、色彩了。

感官就像一面镜子。向外转，就反映外在；向内转，就反射内在纯洁之光。感官是无辜的，一旦允许它们往外转，它们会被外在事物所吸引，然后把这些信息告诉心，让它忙个不停；向内转，它们就会感觉到心的祥和。

实际上，感官是一条通道，允许所有外在的事物进入内心。举例来说，如果我们看着橱柜，我们知道那是个橱柜，因为我们的心取了那个形（橱柜就是那个模样），这是知觉的原则。这就是为什么当我们专注在神圣的事物上时，心也会取那个形。当心把那个形象保留下来后，甚至在梦中都可以看到它们。当我们控制了感官，我们只允许心接受我们要的形象。

在印度体系里，感官是用来追求灵性事物的。每个庙宇都有各种彩色的东西——漂亮的装饰、美丽的花、装饰在神像上的华丽服饰、闪亮的黄金双轮马车——可以说是眼睛的一大飨宴。借由香的燃烧，迎合了鼻子；借由食物的奉献，满足了舌头。但是，你的看和吃，都是借神之名，并因这些事而对他感恩。

在印度，如果你想听免费美妙的音乐，可参加宗教节日庆典。否则，你得付数千元卢布（印度钱币）听同样艺术家的演奏了。在庆典上，艺术家会面对神像演奏，而非面对着人群，而供奉的食物也是为神准备的，祭拜之后，大家才能食用。

感官内敛是另一种控制心灵的方法。要想得到控制的能力，不是那么容易。即使练习了几年，也不要欺骗自己，认为你能够控制你的感官，任何时候你都可能会失败。举例来说，如果一个男人想过绝对的禁欲生活，他应该远离女人。当然不需要讨厌女人，但他不应该偶尔和女人交往，像看到姊妹时的亲吻或拥抱，虽然嘴里喊着“姊妹”，他的感官却会有不同的感觉。

想要完全发挥瑜伽的价值，你必须坚守那些预防的方法，使自己能胜任。《薄伽梵歌》里说：“瑜伽不是给吃得太多或是饿肚子的人学习的；也不是给睡得太多或彻夜不眠的人学习的。”我们不应该走极端，但是应该受些限制。

५५. ततः परमा वश्यतेन्द्रियाणाम् ।

TATAḤ PARAMĀ VAŚYATENDRIYĀṆĀM.

【TATAH：从此、因此；PARAMA VASYATA：至高的支配、完全的控制；INDRIYANAM：感官（感觉器官）】

---

55 从此，就可完全地控制感官了。

借着对感官内敛的适当练习，你的感官会完全受你的控制。它们变成了驯服的马儿，能把你带向任何你要去的地方，你变成了完全的主宰。我们不要认为避开感官的享乐会失掉任何东西，如果我们的感官想把我们拉往某处，我们应该说："不要，我不要满足你。"也许在开始时会有困难，但这只是短暂的。之后，我们会真正觉得骄傲："啊，我可以控制了。"

如果我们满足感官，可能会有短暂的快乐，接着就会非常沮丧。能够掌控所得到的快乐比短暂的喜悦要持久得多，我们都应该练习成为自己的主宰，这才是真的自由、真的胜利。

如果你能从你的心灵和感官得到自由，就没有任何事情会绑住你。于是，你就真的自由了。即使是皇室的力量，甚至于独裁的权力，都不能束缚你，你什么都不害怕了。

控制感官不是少数人与生俱来的能力，绝对不要让心灵退缩。如果我们有了这种控制能力，我们就可以随心所欲，寻求平静和喜悦，并和所有的人类共享。

成就篇

VIBHUTI PADA

维布第（Vibhuti）是练习瑜伽获得的所有成就，有时又被称为超自然能力（Siddhis，希迪士）。这些能力是在练习拉加瑜伽八阶的最后三阶时开始出现的。

最后三阶为注意力集中、冥想、三摩地，合称为三雅马。在此篇中，巴坦加里深入解释了三雅马。

我将瑜伽经的《成就篇》、《解脱篇》全部经文翻译出来，但没有全部诠释。我只选择诠释其中最有用的经文，以帮助有志于瑜伽练习的人。希望能更深入了解这些没有诠释的经文的学习者，可以研究“附录二”的参考书籍。

१. देशबन्धश्चित्तस्य धारणा ।

DEŚABANDHAŚ CITTASYA DHĀRAṆĀ.

【DESABANDHAN：限制在一处；CHITTASYA：心灵的；DHARANA：注意力集中】

1 注意力集中是把心集中在一处、一个事物或一个念头上。

当整个心被约束在一件事或一个地方，就是专注。换句话说，在专注中训练你的心，是冥想开始的步骤。注意力集中是冥想的开始，冥想是注意力集中的最高表现，它们密不可分。

通常情况下，我们的心会跑到这里、跑到那里，当我们试着把心专注在一件事情上时，不过一眨眼，它又跑掉了。

想象一下，把你的心专注在一朵美丽的玫瑰花上。最好的练习方法就是开始时放一朵真实的玫瑰花在面前，因为具体的东西——象征、符号或是偶像，在仪式开始时是非常有帮助的。这样一来，心比较容易冥想。心很难抓住抽象或是想象的东西，所以得将一朵真实的玫瑰花、一团火焰或是一张图片放在面前。

如果你想专注在一个理念上，至少得放一个实质的东西，以提醒你——是这个理念。当你看着这个东西，想着和它有关的念头，或是凝视在一点上，就是注意力集中（Tradak）的练习方法。

注意力集中，实际上是注视着某个物体，有时候甚至不能眨眼。只是看着物体，眼睛不要太过用力，能看多久就看多久。只要把心放在物体上，你可以注视得更久：多么美好啊！一个来自复杂环境里的简单方法是多么好的礼物啊！接着，你就会渐渐地产生相关的想法。当你与这件物体融合为一体时，甚至会忘记自己正在凝视，而你的眼睛却还在眨也不眨地凝视它。不要为了注视而注视。否则，你的眼睛很快就累了。

注视一段时间后，你可以轻轻地闭上眼睛，试着带进一幅心里的图像是你所专注的那个物体。开始的时候，它在外面；然后，你试着把它带进心里。它可能会进来一会儿，然后又消失了。再来一次，睁开眼睛，慢慢地学着在心里抓住它，意思是在心里会显现出这个印象。就像照相：你照一张相，它就存在底片里了。你怎么知道影像在不在底片里？把它洗出来，如果没有东西，你还得再照一张。这和练习注意力集中是一样的。

如果你想到玫瑰花，心就会有玫瑰花的形象出现。过了一会儿，在心里就很容易看到它了，不需要再有实物来帮助。到了这种程度，你就不再需要祭坛和祭坛上的任何东西了。

就算在进行礼拜仪式时，也应该可以如此。进行礼拜仪式后，坐下来试着回想整个仪式的过程：礼拜仪式是怎么开始的，然后你是怎么做的，然后，然后，然后……把整个过程以适当的顺序带进心里，一旦做到了，你就不需要实质的东西或礼拜仪式了。

这些都是“感官内敛”的一部分。不过，当你看着玫瑰花，心灵试着跑开时，通常会发生这样的过程——刚开始时，你的心会说：“是的，我记得了，我上次生日的时候，他送给我一朵玫瑰花，就像这样，你瞧！”然后，玫瑰花离开了你的心，他在那儿，然后“我们一起吃晚餐，那是最美好的一次晚餐，后来我们去看电影。那是什么电影？金刚。”你联想的东西在两分钟之内一一出现。从玫瑰花到金刚，只要两分钟。甚至比两分钟还要短。所以，你现在冥想什么东西？不是玫瑰花，而是金刚了。心就是这样，但没有关系，那是心的本性，不需要因此而沮丧。至少你在那时候可以说：“神啊，我到了哪里啊？从玫瑰花到金刚有多远啊！真丢脸，来吧，让我们再回到玫瑰花吧。”

绝对不要放弃，也绝对不要想：“恩，我不适合做冥想。”

这是很多人犯的最大错误。他们认为，当他们坐下来闭上眼睛的那一刻，所有的事情都应该是美好的。如果心思乱飞，他们会说：“冥想不是我的事。”这就像弹钢琴，或弹吉他，或烹饪。有多少次你还没有煮好东西，就烫到了自己的手？

没有事情是那么容易学的。当你学骑自行车时，你摔过多少次？所以，继续试下去，要坚持。

记得巴坦加里在三摩地篇十四节的经文里说：“当你练习一段很长的时间、没有间断、尽一切努力热忱，这个练习将稳固不移。”

这个练习叫作注意力集中：心跑掉了，把它找回来；又跑掉了，再把它找回来。就像你在驯化一只猴子，一旦它被驯服了，它会听你的话。你可以说：“好，安静地坐在那儿。”它会听话的。就在那一点，你是在冥想。直到那个时候，你都在训练冥想。训练你的心去冥想，就是“注意力集中”。

२. तत्र प्रत्ययैकतानता ध्यानम् ।

TATRA PRATYAYAIKATĀNATĀ DHYĀNAM.

【TATRA：在其中、在那一点上；PRATYAYA：认知的流动、循环；EKATANATA：连续的、不断的；DHYANAM：冥想】

2 对冥想者和冥想事物有持续的认知，就是冥想。

印度的经文里有个很美的例子："不断地流动。"他们说就像倒油一般，从一个瓶子倒进另一个瓶子里，那是一条不断的线。当心定住了，冥想者与冥想的事物之间的沟通是稳定的，就是真正的冥想。

冥想练习久了，慢慢地"认知的流动"会持续久一点，就进入了冥想境界。

什么时候会知道你真的在冥想？那是有迹可循的。比如说你在四点半坐下来冥想，你打算冥想一个小时，在五点半的时候铃响了。如果你觉得："什么？谁这么快就摇铃了？我五分钟前才坐下来的。"那么你可能在冥想了。但是，当你觉得坐五分钟就好像坐了一个小时，那么你没有在冥想，还处于集中注意力的阶段。

冥想中，时间是没有意义的，空间也一样不存在。你不知道身在何处。如果你的冥想突然被打断了，你可能会惊讶地说："我的身体怎么了？"在真实的冥想中，身体会被忘却，而你超越了时间与空间，你离开了身体。

当我说"离开了身体"，不要认为我的意思是你旅行到太空去了或到其他地方去了。我的意思是心灵凌驾、超越了身体的意识。在这个感觉里，冥想就像睡眠。虽然你仍然有身体，但你并不知道。就如同你睡觉睡得很沉，有人将你的身体移到别处，你甚至不知道一样。当你醒来时会说："我在沙发上睡着了，谁把我移到床上的？"

冥想还有其他的迹象。如刚开始，当你超越形体的时候，你会觉得身体很轻；有的时候，会出现很美的、跟你冥想的事物有关的幻影，或是没有关系但是很美又有上升感觉的幻影；有时没有幻影，你仅仅看到很美的亮光，好像你在美好的月光下沐浴；有时你可能听到美妙的声音，像大海的呼啸，敲锣的声音，或是美丽的笛声。

以上这些都可能是你会遇到的不同迹象。通常我不太说这些事情，因为一旦你听我说了，就会想象冥想发生在你的身上。实际上，你应该让它自然而然地发生。

३. तदेवार्थमात्रनिर्भासं स्वरूपशून्यमिव समाधिः।

TAD EVĀRTHAMĀTRA NIRBHĀSAṀ SVARŪPA ŚŪNYAM IVA SĀMADHIḤ.

【TAD EVA：（冥想）的本身；ARTHAMATRA：事物、物体；NIRBHASAM：发光的、闪耀的；SVARUPA：它自己的形式；SUNYAM：空无的；IVA：好像；SAMADHIH：三摩地、沉思】

3 当冥想的事物发光，好像连形象都没有了，这就是冥想的最高境界——三摩地。

对于这个，我没有太多可说的。只要你有一点儿经验，就很容易了解了。冥想的最高境界就是三摩地，并不是你去练习三摩地，没有人能够有意识地练三摩地。我们的努力只能达到冥想。你全心练习注意力集中后，就可以不费力地进入冥想，而你会知道自己正在冥想。但是，你不会知道你已经进入三摩地，因为你就是三摩地。

刚开始的时候，你有许多的困扰，那就是冥想。然后，当你变成你所认为的那样，就是三摩地了。

冥想的时候，会有三样东西：冥想者、冥想和冥想的事物。在三摩地境界，既没有事物，也没有冥想者。你不会有“我冥想在那个东西上”的感觉。

举一个合乎科学的推论，如果你在酸性的溶液里不断地加入碱性溶液，在某一点，酸性溶液变成碱性了。在那一点上，你只是在碱性溶液里继续加入碱性溶液，酸性不再存在。给予者和接收者合而为一了。起初，接收者是酸性的，给予者是碱性的。当你一滴接着一滴地加入碱性溶液时，不断地用石蕊试纸做检测，在某一点（酸碱会合处），突然发现溶液不再是酸性的了。假设你是最初的酸性溶液，碱性溶液如同你的神；后来，你和他合而为一了，那就是三摩地。这很难用文字来表述。如果你不断地练习，你就会知道什么是三摩地了。当然，如同我们在三摩地篇谈过的，有一些低阶三摩地，你可能到达过那个境界，然后又回来了。

这些低阶三摩地还与形式、意念、喜悦及完全自我等概念有关，所有这四种三摩地境界（参考三摩地篇第十七节经文）仍然在心灵某部分留有一些隐藏的欲望。这就是还没有完全地解脱，心里的念头还没有被完全掌控，还可能会再次发芽。这就是为什么这四种境界被叫作有欲望种子的三摩地（Sabija Samadhi，沙比加三摩地），比加的意思是种子，有欲望的种子。

它们还有欲望的种子，可能再次萌芽。所以，别认为你都洁净了，一切都没有问题了。虽然在袋子里，你看起来是纯洁的，但只要拿出一颗种子，挖个小洞，把种子放进去，浇一点水，它就长出来了，发芽的迹象还存在。

只要你有那个迹象，你就还是处于有欲望种子的状态，或是可推理的三摩地里。种子还是在那儿，它们外表看起来都一样，但一旦种子完全烤熟了，萌芽的能力就没有了。即使你把它们放在洞里埋起来，浇了水，它们也不会发芽。什么意思？那就意味着所有的思想、欲望都已经变成了“无我”的了。

虽然自私是会发芽的种子，但当自私被完全去除时，你就没有欲望的种子存在了，即使说：“我要它。”也不会再发芽了，那叫作尼尔比加（Nirbija）或尼尔维卡帕三摩地（Nirvikalpa Samadhi）——没有欲望种子的三摩地。一个到达这个境界的人，可能看起来跟别人没什么两样，但他的本性就像一般人与已解脱的人有所不同。他们也吃、睡，像其他人一样做所有的事。他们可能做任何事情，但他们不会受到影响。因为没有任何潮湿、含水分的感情依附，让欲望种子有发芽的机会。他们是活的解脱之人。

解脱、自由不是在你死后去经验的，活着的时候，就要去解脱。这就是三摩地的最终境界。它并不像一般人想象的那样，闭着眼睛，紧绷着坐在那儿。如果像雕像般地坐着就叫作三摩地，那么花园里所有的石头一定都在深度的三摩地境界里了。不是的，你是有用的，你是活跃的，你比任何人都活跃。你的行为比任何人完美，你是强有力的，但你看起来是沉稳、安静的。

相反的情况，看起来也非常相似。一个陀螺没有转的时候是静止的，同样的陀螺以最高速率旋转时，看起来也是静止的。缺少光亮是黑暗，不断地增加光亮，太亮时又仿佛是黑暗。

一个心灵平静的人，显现出来的是安静；一个木讷、迟钝的人，显现出来的也是安静。

४. त्रयमेकत्र संयमः ।

TRAYAM EKATRA SAṀYAMAḤ.

【RAYAM：三个；EKATRA：在一个对象上、物体之上；
SAMYAMAH：三雅马——注意力集中、冥想和三摩地的练习】

4 练习注意力集中、冥想和三摩地在一个事物上，称作三雅马。

做三雅马的练习可以达到超自然能力的境界。深入探究一个事物或一个意念，它会释放出奥秘。在某方面可以说，科学家在原子的粒子上做了三雅马（Samyamah：注意力集中、冥想、三摩地）的研究，也研究出了结果。粒子释放它们的能量，科学家就得到了它们的知识，完成探究粒子背后的真理。

三雅马的完成通常是在一个事物、一个理念上达到了某些成果，所获得的成果称为超自然能力或禅定力量。

·我的感悟·

५. तज्जयात् प्रज्ञालोकः।

TAJJAYĀT PRAJÑĀLOKAḤ.

【TAT：从它的；JAYAT：掌近、控制；PRAJNALOKAH：知识之光】

5 掌控了三雅马，将启发知识之光。

这句经文的意思是指：练习三雅马的时候，知道了这个事物背后的真理，这是我们所说的“发现”。因为真理是先被“隐藏”的，现在我们只是“除去隐藏”而已。所以，并不是任何人创造了什么新的东西，因为一些真理隐而未见。

借着三雅马的练习，我们得以了解那是什么，那就是“发现”的真正意思。

·我的感悟·

६. तस्य भूमिषु विनियोगः ।

TASYA BHŪMIṢU VINIYOGAḤ.

【TASYA：它的；BHUMISHU：由许多阶段；VINIYOGAH：练习】

6 三雅马的练习需要经过许多阶段才能完成。

· 我的感悟 ·

७. त्रयमन्तरङ्गं पूर्वेभ्यः ।

TRAYAṀ ANTARAṄGAṀ PŪRVEBHYAḤ.

【TRAYAM：这三个；ANTARANGAM：内在的；PURVEBHYAH：前述的】

7 三雅马和前面所说的瑜伽八阶里的前五阶相比较，是属于内在的修炼。

在阿思坦加瑜伽（Ashtanga Yoga）里，注意力集中、冥想和三摩地是比较内在的部分或内在的练习。而练习持戒、遵守奉行尼雅马（Niyama），你需要的是外在的世界。如果外在世界没有可被伤害的事物，你要如何练习不受伤?

如何与外在世界相处，我们在谈论持戒、遵守奉行时曾教过，甚至身体对你来说也是一个外在世界。

你要用身体练习体位法、呼吸法或气的控制，你得利用你身体里的气、生命力或能量；感官内敛则是用你的感官来练习。但是，注意力集中、冥想、三摩地这三个境界是完全属于内在、精神层面的，这就是巴坦加里所说的，这三个阶段比前五个阶段更要属于内在心灵的层面。

८. तदपि बहिरङ्गं निर्बीजस्य।

TAD API BAHIRAṄGAṀ NIRBĪJASYA.

【TAD API：即使那个；BAHIRANGAM：外在的；
NIRBIJASYA：没有欲望种子、无根源】

---

8 相对于没有欲望种子的三摩地来说，三雅马的三个境界又属于外在了。

虽然这三阶（集中注意力、冥想、三摩地）和前面五个阶段相较而言是属于内在的层面，但当它们和没有欲望种子三摩地相比较时，却又属于外在的层面了。

·我的感悟·

९. व्युत्थाननिरोधसंस्कारयोरभिभवप्रादुर्भावौ
निरोधक्षणचित्तान्वयो निरोधपरिणामः ।

VYUTTHĀNA NIRODHA SAṀSKĀRAYOR ABHIBHAVA PRĀDURBHĀVAU NIRODHA KṢAṆA CITTĀNVAYO NIRODHA PARIṆĀMAḤ.

【VYUTTHANA：升起、出现；NIRODHA：抑制的、制止；SAMSKARAYOH：印象、意念；ABHIBHAVA：消失、不见；PRADURBHAVAU：出现、显现；NIRODHA：结束、抑制；KSANA：瞬间、片刻；CITTA：心灵；ANVAYO：联结、合而为一；PARINAMAH：变化、改变】

9 印象升起时，通常要让它消失。但是，这个抑制的力量出现时会创造新的心灵变化。当心灵与新的变化合而为一时，就是约束心灵的变化。

· 我的感悟 ·

१०. तस्य प्रशान्तवाहिता संस्कारात् ।

TASYA PRAŚĀNTA VĀHITĀ SAṀSKĀRĀT.

【TASYA：它的；PRASANTA：稳定；VAHITA：流动；SAMSKARAT：养成习惯】

10 心灵的变化，要通过习惯的养成，来让它变得稳定。

·我的感悟·

११. सर्वार्थतैकाग्रतयोः क्षयोदयौ चित्तस्य समाधिपरिणामः ।

SARVĀRTHATAIKĀGRATAYOḤ KṢYAYODAYAU CITTASYA SAMĀDHIPARIṆĀMAḤ.

【SARVARTHATA：到处跑；EKAGRATAYOH：定在一个点；
KSYAYO：（前者、先前的）慢慢减弱；DAYAU：（后者的）出现；
CITTASYA：心灵的；SAMADHIPARINAMAH：三摩地的开发】

---

11 当分心的情况慢慢减少，而能专注在一点上，就开发了三摩地境界。

· 我的感悟 ·

१२. शान्तोदितौ तुल्यप्रत्ययौ चित्तस्यैकाग्रतापरिणामः

ŚĀNTODITAU TULYAPRATYAYAU CITTASYAIKĀGRATĀPARIṆĀMAḤ.

【TATAH：那么；PUNAH：再一次；SANTO：过去的平息、消退了；UDITAU：现在的升起；TULYAPRATYAYA：同样的行为、方法；CITTASYA：心灵的；EKAGRATA PARINAMAH：一个点的】

12 再说一次，当过去和新起的印象完全一样时，就是专注在一点上了。

·我的感悟·

१३. एतेन भूतेन्द्रियेषु धर्मलक्षणावस्थापरिणामा व्याख्याताः ।

ETENA BHŪTENDRIYEṢU DHARMA LAKṢAṆĀVASTHĀ PARIṆĀMĀ VYĀKHYĀTĀḤ.

【ETENA：由此、借着这个；BHUTA：在基本元素里；INDRIYESHU：在感官器官里；DHARMA：看得见的特性、特征；LAKSANAH：时间因素；AVASTHAH：情况；PARINAMAH：转换、变形；VYAKHAYATAH：叙述、描述】

13 由此，看得见的特性、时间、基本元素及感官的转换也都描述过了。

·我的感悟·

१४. शान्तोदिताव्यपदेश्यधर्मानुपाती धर्मी ।

ŚĀNTODITĀVYAPADEŚYA DHARMĀNUPĀTĪ DHARMĪ.

【SANTA：潜在的过去；UDITA：出现的现在；
AVYAPADESYA：无法描述的、无法显示的；DHARMA：本性、自然；
ANUPATI：穿过、通过；DHARMI：基础、实体】

---

14 本性的基本属性有潜在的、可显现的、无法显现的层面。

·我的感悟·

१५. क्रमान्यत्वं परिणामान्यत्वे हेतुः।

KRAMĀNYATVAṀ PARIṆĀMĀNYATVE HETUḤ.

【KRAMA：连续；ANYATVAM：不同的状态；PARINAMA：进化、演化的程度；ANYATVE：差异、不同之处；HETUH：原因】

15 造成心灵变化差异的原因是上述不同层面的连续进化而来的。

· 我的感悟 ·

१६. परिणामत्रयसंयमादतीतानागतज्ञानम् ।

PARIṆĀMA TRAYA SAṀYAMĀD ATĪTĀNĀGATA JÑĀNAṀ.

【PARINAMA：进化、演化的程度；TRAYA：三；SAMYAMAD：借着三雅马；ATITA：进去；ANAGATA：将来；JNANAM：知识】

16 借着在这三种层面上的三雅马专注练习，将得到过去与未来的知识。

这一篇和下一篇的经文里，巴坦加里叙述了不同的三雅马（注意力集中、冥想、三摩地）境界和超自然能力的结果。

·我的感悟·

१७. शब्दार्थप्रत्ययानामितरेतराध्यासात् संकरस्तत्प्रविभागसंयमात् सर्वभूतरुतज्ञानम् ।

ŚABDĀRTHA PRATYAYĀNĀM ITARETARĀDHYĀSĀT SAṀKARAS TAT PRAVIBHĀGA SAṀYAMĀT SARVA BHŪTA RUTA JÑĀNAṀ.

【SABDA：声音；ARTHA：意义；PRATYAYANAM：提出的理念；ITARETARA：在他们之间；ADHYASAT：因为附加的了；SAMKARAH：混合与混淆；TAT：他们的；PRAVIBHAGA：区别、分别；SAMYAMAT：由三雅马；SARVA：全部；BHUTA：生命；RUTA：声音；JNANAM：知识】

17 词汇和它的意义、内容通常都会因附加的解释而产生混淆。借着三雅马的专注练习，对任何生命所说出的字或发出的声音，都能够听懂它的意义。

·我的感悟·

१८. संस्कारसाक्षात्करणात् पूर्वजातिज्ञानम् ।

SAṀSKĀRA SĀKṢĀTKARAṆĀT PŪRVA JĀTIJÑĀNAṀ.

【SAMSKARA：心的印象、意念；SAKSHATKARANAT：直觉、直接认知；PURVA：先前的；JATI：出生、起源；JNANAM：知识】

---

18 对心灵产生印象（潜意识）所得到的直接认知，通过三雅马的专注练习可以获得过去累世的知识。

·我的感悟·

१९. प्रत्ययस्य परचित्तज्ञानम् ।

PRATYAYASYA PARACITTA JÑĀNAṀ.

【PRATAYASYA：在特殊的记号、迹象、其他人的身体上；
PARACHITTA：其他人的心灵意象；JNANAM：知识】

---

19 对他人身体的动作等特殊迹象做三雅马的专注练习，就会知道他们在想什么。

·我的感悟·

२०. न च तत् सालम्बनं तस्याविषयीभूतत्वात् ।

NA CA TAT SĀLAMBANAM TASYĀVIṢAYĪ BHŪTATVĀT.

【NA：不是；CHA：和；TAT：它的；SALAMBANAM：支撑、支持；TASYA：它的；AVISHAYI BHUTATVAT：如它所做，不会变成目的】

---

20 知道他人所想的事物，并不包括其心灵的内涵，如思想背后的动机，因为这并非三雅马专注的目标。

·我的感悟·

२१. कायरूपसंयमात् तद्ग्राह्यशक्तिस्तम्भे चक्षुःप्रकाशासंप्रयोगेऽन्त-र्धानम् ।

KĀYARŪPA SAṀYAMĀT TADGRĀHYA ŚAKTI STAṀBHE CAKṢUḤ PRAKĀŚASAṀPRAYOGE'NTARDHĀNAṀ.

【KAYARUPA：身体的形式；SAMYAMAT：借由三雅马；TAT：它的；GRAHYA：觉知；SAKTI：能力、力量；STAMBHE：被检查；CHAKSUH：眼睛（视网膜）；PRAKASA：光线、亮光；ASAMPRAYOGE：被隔开、分开；ANTARDHANAM：不见、消失】

---

21 对人的身体做三雅马的专注练习，可将进入视网膜的光线隔开，于是觉知到形体的消失。

你希望变得看不见吗?

当你想看一样东西时，这个东西的形象首先进入视网膜，然后被记录下来，你就看见这个东西了。在这个过程完成前，你将无法看见东西。所以，如果对自己的身体练习三雅马，将有能力阻隔光线进入视网膜。此时，就不会有任何影像进入视网膜，你就看不见形体了。

·我的感悟·

२२. एतेन शब्दाद्यन्तर्धानमुक्तम् ।

ETENA ŚABDĀDYANTARDHĀNAM UKTAṀ.

【ETENA：以同样的方法；SHABDADI：声音等；ANTARDHANAM：消失不见；UKTAM：解释过了】

---

22 使用同样的方法，耳朵听不见声音了。触觉、嗅觉、味觉等也可依此类推。

· 我的感悟 ·

२३. सोपक्रमं निरुपक्रमं च कर्म तत्संयमादपरान्तज्ञानमरिष्टेभ्यो वा ।

SOPAKRAMAṀ NIRUPAKRAMAṀ CA KARMA TAT SAṀYAMĀD APARĀNTA JÑĀNAṀ ARIṢṬEBHYO VĀ.

【SOPAKRAMAM：迅速显现；NIRUPAKRAMAM：慢、缓慢；CHA：以及；KARMA（卡马）：业（行为造作）；TAT：超过这些；SAMYAMAT：借由三雅马的练习；APARANTA：死亡时间；JNANAM：知识；ARISHTEBHYO：征兆显示；VA：或者】

23 业有两种：近报和远报。借由三雅马对死亡征兆的专注练习，你将获得死亡时刻的知识。

· 我的感悟 ·

२४. मैत्र्यादिषु बलानि।

MAITRYĀDIṢU BALĀNI.

【MAITRYADISHU：友善之人和其他的优点；BALANI：能力】

24 借由三雅马对友善及其他优点的专注练习，你将拥有传达它们的能力。

·我的感悟·

२५. बलेषु हस्तिबलादीनि ।

BALEṢU HASTI BALĀDĪNI.

【BALESHU：在这里力量上；HASTI：大象；BALA：能力；ADINI：及其他】

25 借由三雅马对大象以及其他这类动物力量的专注练习，你将获得这种力量。

意思是你借着对一种非常强悍的动物做三雅马的专注练习，比如大象。并不是指大象真的向你走来，而是你有了它强而有力的力量。

如果你对直布罗陀的坚硬岩石做三雅马的练习，你将变得非常坚硬与沉重。你站在秤上，量得重量是六十千克，但此时想着直布罗陀的坚硬岩石来练习三雅马，直布罗陀岩石的重量会立即显示出来。同样，如果你站在秤上想着轻盈的羽毛来练习三雅马，你的重量会立刻反映出只有一点点。

你可以把自己变得轻盈，也可以把自己变得沉重，全靠三雅马的练习来达到。做做看，试试看，会出现一些很奇妙的经验。

· 我的感悟 ·

२६. प्रवृत्त्यालोकन्यासात् सूक्ष्मव्यवहितविप्रकृष्टज्ञानम् ।

PRAVṚTTYĀLOKA NYĀSĀT SŪKṢMA VYAVAHITA VIPRAKṚṢṬA JÑĀNAṀ.

【PRAVRTTYALOKA：内心的亮光；NYASAT：借着三雅马的练习；SUKSMA：精微的；VYAVAHITA：隐藏的；VIPRAKRSTA：隐秘的；JNANAM：知识】

---

26 对自己内心的亮光做三雅马的专注练习，你将得到精微，隐藏以及隐秘的知识（精、气、神）。

·我的感悟·

२७. भुवनज्ञानं सूर्ये संयमात् ।

BHUVANA JÑĀNAṀ SŪRYE SAṀYAMĀT.

【BHUVANA：宇宙、全世界；JNANAM：知识；SURYE：在太阳上；SAMYAMAT：借由三雅马的练习】

---

27 对太阳做三雅马的专注练习，你将获得整个太阳系的知识。

·我的感悟·

२८. चन्द्रे ताराव्यूहज्ञानम् ।

CANDRE TĀRĀ VYŪHA JÑĀNAṀ.

【CHANDRE：在月亮上；TARA：星星的；VYUHA：安排、排列；JNANAM：知识】

28 对月亮做三雅马的专注练习，你将获得星座排列的知识。

·我的感悟·

२९. ध्रुवे तद्गतिज्ञानम् ।

DHRUVE TADGATI JÑĀNAṀ.

【DHRUVE：极星（南、北极星）；TAT：它们的；GATI：动向、动态；JNANAM：知识】

29 对南极或北极做三雅马的专注练习，你将获得星辰移动的知识。

·我的感悟·

३०. नाभिचक्रे कायव्यूहज्ञानम् ।

NĀBHI CAKRE KĀYA VYŪHA JÑĀNAṀ.

【NABHI：肚脐；CHAKRE：神经丛、脐轮；KAYA：身体；
VYUHA：结构、排列；JNANAM：知识】

---

30 对脐轮做三雅马的专注练习，你将获得身体结构的知识。

·我的感悟·

३१. कण्ठकूपे क्षुत्पिपासानिवृत्तिः ।

KAṆṬHA KŪPE KṢUT PIPĀSĀ NIVṚTTIḤ.

【KANTHA：喉咙；KUPE：在凹陷处；KSHUT：饥饿；PIPASA：口渴；NIVRITTIH：终止、断绝】

---

31 于喉咙凹陷处做三雅马的专注练习，你将不再饥饿和口渴。

· 我的感悟 ·

३२. कूर्मनाड्यां स्थैर्यम् ।

KŪRMANĀḌYĀṀ STHAIRYAṀ.

【KURMANADYAM：古尔马神经（即龟形管，喉咙下方有一乌龟形状的管子，属细微神经）；STHAIRYAM：静止的、不动的】

---

32 对古尔马神经做三雅马的专注练习，你将可以在冥想静坐时静止不动。

· 我的感悟 ·

३३. मूर्धज्योतिषि सिद्धदर्शनम् ।

MŪRDHA JYOTIṢI SIDDHA DARŚANAṀ.

【MURDHA：头顶、顶轮；JYOTISHI：在光亮上；SIDDHA：精通、熟练；DARSANAM：远见、洞察力】

33 对顶轮亮光做三雅马的专注练习，你将会洞察、精通一切。

· 我的感悟 ·

३४. प्रातिभाद्वा सर्वम् ।

PRĀTIBHĀD VĀ SARVAṀ.

【PRATIBHAD：自然的启发；VA：或者；SARVAM：所有的事】

34 或者，在自然启发的知识（通过纯净的生活）里，能力自然产生。

·我的感悟·

३५. हृदये चित्तसंवित् ।

HṚDAYE CITTA SAṀVIT.

【HRIDAYE：在内心；CHITTA：心灵特质；SAMVIT：知识】

35 对心做三雅马的专注练习，你将获得心灵的知识。

·我的感悟·

३६. सत्त्वपुरुषयोरत्यन्तासंकीर्णयोः प्रत्ययाविशेषो भोगः परार्थात् स्वार्थसंयमात् पुरुषज्ञानम् ।

SATTVA PURUṢAYOR ATYANTĀSAMKĪRṆAYOḤ PRATYAYĀVIŚEṢO BHOGAḤ PARĀRTHĀT SVĀRTHASAṀYAMĀT PURUṢA JÑĀNAṀ.

【SATTVA：纯净或智力；PURUSAYOH：以及真实自我；ATYANTASAMKIRNAYOH：彼此完全不一样；PRATYAYA：辨认；AVISESHAH：缺乏区分；BHOGAH：经验；PARARTHAT：为别人的兴趣；SVARTHA：自己的兴趣；SAMYAMAT：借由三雅马；PURUSHA：真实自我；JNANAM：知识】

---

36 智能与真实自我是两回事，智能是为真实自我而存在，而真实自我是为其自身而存在。无法区分二者造就了所有的经验，针对这个特性做三雅马的专注练习，你将获得真实自我的知识。

·我的感悟·

३७. ततः प्रातिभश्रावणवेदनादर्शास्वादवार्ता जायन्ते ।

TATAḤ PRĀTIBHA ŚRĀVAṆA VEDANĀDARŚĀSVĀDA VĀRTĀ JĀYANTE.

【TATAH：从此；PRATIBHA：自发的直觉；SRAVANA：特别敏锐的听力；VEDANA：更深的接触；ADARSA：能看到异常事物的能力、异常洞察力；SAVADA：敏锐的味觉；VARTA：敏锐的嗅觉；JAYANTE：升起、出现、产生】

37 获得了真实自我的知识，通过自发性的直觉，就产生了听觉、触觉、味觉和嗅觉等超能力。

· 我的感悟 ·

३८. ते समाधावुपसर्गा व्युत्थाने सिद्धयः।

TE SAMĀDHĀV UPASARGĀ VYUTTHĀNE SIDDHAYAḤ.

【TE：这些超自然能力；SAMADHAV：为三摩地；UPASARGA：障碍；VYUTTHANE：在追求世俗的事物上；SIDDHAYAH：能力】

---

38 这些超自然能力的感官反应是练习三摩地的障碍，却常为世俗所追求。

· 我的感悟 ·

३९. बन्धकारणशैथिल्यात् प्रचारसंवेदनाच्च चित्तस्य परशरीरावेशः ।

BANDHA KĀRAṆA ŚAITHILYĀT PRACĀRA SAṀVEDANĀC CA CITTASYA PARAŚARĪRĀVEŚAḤ.

【BANDHA：束缚；KARANA：原因、动机；SAITHILYAT：解开；PRACHARA：程序、步骤；SAMVEDANAT：借由知识；CHA：和；CHITTASYA：心灵特质；PARASARIRA：另一个身体；AVESAH：进入】

---

39 解开心灵对身体的束缚，借着心灵运作程序的知识，就拥有了进入别人身体的能力。

·我的感悟·

४०. उदानजयाज्जलपङ्ककण्टकादिष्वसङ्ग उत्क्रान्तिश्च ।

UDĀNA JAYĀJ JALA PAṄKA KAṆṬAKĀDIṢV ASAṄGA UTKRĀNTIŚ CA.

【UDANA：五达纳神经波（上升之气）；JAYAT：控制住；JALA：水；PANKA：沼泽、洼地；KANTAKA：荆棘；ADISHU：其他的；ASANGAH：独立的、不依附的；UTKRANTIS：飘浮在空中；CHA：和、以及】

---

40 控制上升之气，一个人可以飘浮在空中，越过流水、沼泽、荆棘……也可以随心所欲地离开自己的身体。

·我的感悟·

४१. समानजयाज्ज्वलनम् ।

SAMĀNA JAYĀJ JVALANAṀ.

【SAMANA：三马纳神经波（生命之气）；JAYAT：借由控制；JVALANAM：亮光、辐射】

41 控制生命之气，身体四周将散发出光芒。

·我的感悟·

४२. श्रोत्राकाशयोः संबन्धसंयमाद्दिव्यं श्रोत्रम् ।

ŚROTRĀKĀŚAYOḤ SAṀBANDHA SAṀYAMĀD DIVYAṀ ŚROTRAṀ.

【SROTRA：耳朵；AKASAYOH：宇宙苍穹、太空；SAMBANDHA：关系；SAMYAMAT：借由三雅马；DIVYAM：神圣的、天赐的；SROTRAM：听力】

42 对耳朵与宇宙苍穹的关系做三雅马的专注练习，你将获得超自然听力。

· 我的感悟 ·

४३. कायाकाशयोः संबन्धसंयमाल्लघुतूलसमापत्तेश्चाकाशगमनम् ।

KĀYĀKĀŚAYOḤ SAṀBANDHA SAṀYAMĀL LAGHU TŪLA SAMĀPATTEŚ CĀKĀŚA GAMANAṀ.

【KAYA：身体；AKASAYOH：宇宙苍穹、太空；SAMBANDHA：关系；SAMYAMAT：借由三雅马的练习；LAGHU：轻；TULA：棉花纤维；SAMAPATTEH：成就、达到；CHA：和；AKASA：透过苍穹；GAMANAM：旅行】

43 对身体与宇宙苍穹的关系做三雅马的专注练习，将能使自身轻如棉絮，如此就可以飘浮漫游于宇宙苍穹中。

·我的感悟·

४४. बहिरकल्पिता वृत्तिर्महाविदेहा ततः प्रकाशावरणक्षयः।

BAHIR AKALPITĀ VṚTTIR MAHĀVIDEHĀ TATAḤ PRAKĀŚĀVARAṆA KṢAYAḤ.

【BAHIR：外在的；AKALPITA：不明确；VRITTIR：思想波动；MAHAVIDEHA：无躯体；TATAH：借着那个；PRAKASA：光芒、光亮；AVARANA：面纱、隐藏；KSAYAH：毁灭】

---

44 **对不明确、身体以外的思想波动做三雅马的专注练习，遮住自我光芒的面纱将被除去。**

译注：

什么是不明确的思想波动？指的是身与心（身与心是分离的）的心，它是抽象的、不明确的。

在这个境界里，瑜伽行者将身体和意识分开了，没有苦恼，超越了本性、没有肉体而活着，这是很难想象的，但却是事实。这是一种超自然能力，或是伟大的转换。瑜伽修行人在这个境界里具有真实、纯洁的智慧。

·我的感悟·

४५. स्थूलस्वरूपसूक्ष्मान्वयार्थवत्त्वसंयमाद् भूतजयः ।

STHŪLA SVARŪPA SŪKṢMĀNVAYĀRTHAVATTVA SAṀYAMĀD BHŪTAJAYAḤ.

【STHULA：整体的、粗糙的；SVARUPA：元素、要素、本性；SUKSHMA：精致细微的、敏锐的；ANVAYA：相互关系；ARTHAVATTVA：有目的的；SAMYAMAT：借由三雅马；BHUTA：要素之上；JAYAH：掌控、控制、征服】

45 借由三雅马的专注练习，瑜伽修行人可以掌控整体粗糙、细微精致的大自然元素及其相互关系和目的。

·我的感悟·

४६. ततोऽणिमादिप्रादुर्भावः कायसंपत् तद्धर्मानभिघातश्च ।

TATO'ṆIMĀDI PRĀDURBHĀVAḤ KĀYA SAṀPAT TADDHARMĀNABHIGHĀTAŚ CA.

【TATAH：从那儿开始；ANIMADI：小如原子和其他超自然能力；PRADURBHAVAH：成就、达到；KAYA：身体；SAMPATD：完美；TAT：它们的；DHARMA：功能、起作用；ANABHIGHATAH：不受限制、无障碍物；CHA：和】

---

46 从小如原子及其他超自然能力的显现，将达到身体的完美和不受限制的能力。

八种主要的超自然能力：

阿尼马（Anima）：身体变得很小，可以小如原子。

马希马（Mahima）：身体变得很大，可以无限地大。

拉基马（Laghima）：身体变得很轻，轻如羽毛。

加里马（Garima）：身体变得很重，重如泰山。

普拉普替（Prapti）：身体可以到达任何地方，无远或近的概念。

普拉坎亚（Prakamya）：可以成就所有愿望。

衣沙特瓦（Isatva）：可以创造及毁灭任何东西。

瓦希特瓦（Vasitva）：可以指挥及控制所有的事物。

४७. रूपलावण्यबलवज्रसंहननत्वानि कायसंपत् ।

RŪPA LĀVAṆYA BALA VAJRASAṀHANANATVĀNI KĀYASAṀPAT.

【RUPA：美丽；LAVANYA：优雅；BALA：力量；VAJRASAMHANANATVANI：结实（如金刚石般地坚硬）；KAYASAMPAT：身体的完美】

47 身体的完美包括美丽、优雅、力量与结实。

· 我的感悟 ·

४८. ग्रहणस्वरूपास्मितान्वयार्थवत्त्वसंयमादिन्द्रियजयः।

GRAHAṆA SVARŪPĀSMITĀNVAYĀRTHAVATTVA SAṀYAMĀD INDRIYA JAYAḤ.

【GRAHANA：感知、认知的能力；SVARUPA：元素、要素、本性；
ASMITA：自我意识；ANVAYA：相互关系；ARTHAVATTVA：目的；
SAMYAMAT：借由三雅马；INDRIYA：感官；JAYAH：掌控、控制、征服】

48 对认知能力、本性要素、自我中心及感官目的相互关系做三雅马的专注练习，瑜伽修行人将可控制住它们。

·我的感悟·

४९. ततो मनोजवित्वं विकरणभावः प्रधानजयश्च ।

TATO MANOJAVITVAṀ VIKARAṆABHĀVAḤ PRADHĀNA JAYAŚ CA.

【TATO：从此、因此；MANO：心灵；JAVITVAM：快速移动；
VIKARANABHAVAH：无感觉器官的帮忙而有起作用的能力；
PRADHANA：最主要的原因；JAJAH：掌控、控制、征服；CHA：和】

---

49 从此，身体拥有和心一样快速移动的能力，不需要感官的帮助，也能够运作自如，并且能完全控制本性。

·我的感悟·

५०. सत्त्वपुरुषान्यताख्यातिमात्रस्य सर्वभावाधिष्ठातृत्वं सर्वज्ञातृत्वं च।

SATTVA PURUṢĀNYATĀKHYĀTIMĀTRASYA SARVA BHĀVĀDHIṢṬHĀTṚTVAṀ SARVAJÑĀTṚTVAṀ CA.

【SATTVA：本质的净化；PURUSHA：真实自我；ANYATAKHYATIMATRASYA：认识之间差异的人；SARVA：全部的；BHAVA：状态、情况；ADHISTHATRTVAM：至高无上、卓越；SARVAJNATRTVAM：全知、神；CHA：和】

50 认识纯洁的本性特质与真实自我的差异，就有如全知的神一般，得到了最高的存在境界和形式。

· 我的感悟 ·

५१. तद्वैराग्यादपि दोषबीजक्षये कैवल्यम्।

TAD VAIRĀGYĀD API DOṢA BĪJA KṢAYE KAIVALYAṀ.

【TAD：那个；VAIRAGYAT：借着不执着、无牵挂；API：甚至；DOSHA BIJA：束缚的根源；KSHAYE：毁灭；KAIVALYAM：独立自主、解脱】

---

51 对于所有的超自然能力不执着，束缚的根源就消失了，即能得到解脱。

虽然所有的超自然能力都是很棒的，但它们会捆绑住我们。因为超自然能力是心的演变，是心想要的东西，它想要达成这、完成那，为什么呢？为了荣耀自己。于是，发展出自大，它使你的“我”和“我的”变得更重要了，自私的欲望还在。

如果你产生超自然能力之后能在星际漫游、能看到异时异地的事物，拥有特别敏锐的听力，我问你为什么，你可能说：“我觉得我能帮助别人。”我认为那是一种借口，你其实是想要显示你能做什么，你很想得意一下。

那么，超自然能力不好吗？如果真是如此，为什么它们还存在呢？我认为它们并不坏，当它们自然降临在你身上的时候，它们是很棒、很美妙的；当你去追求它们的时候，它们就是坏的了。这就是它们的差别。

让超自然能力自然降临，并且求你：“嗨，我可以为你做些事情吗？”那它们就是美丽的。如果你不去追求它们，不对它们产生渴望，则它们不是你的；反倒是它们希望你是它们的，它们希望跟你在一起，替你服务。那么，你拥有这些超自然能力就是可以接受的。

这就和圣经里描述的一些人获得超自然能力时一样，所有的事都将朝你而来，什么时候呢？当你寻找这个王国时，“天上王国先来找你，其他事情会加诸你的身上”。你不需要一个一个追逐它们，当你变成了领袖，你什么都得到了，并不需要去找微不足道的事情来做。

不只超自然能力这样，所有的事情都是如此：美貌、金钱、权力、能力、科学知识等。所有这些事情都可能变得可怕，整个世界都因害怕而颤抖。为什么？因为我们没有先寻找神。什么是神？和平、知足、无我。所以，我们并不是反对超自然能力，它们是神的力量。寻找神，它们就产生了。让它们来找你吧。

当你的心灵既纯净又安详，那么你就可以好好地运用心灵，为了好的目的而非为了你的自我。你不用自己敲边鼓：“我可以做这样、做那样。”超自然能力不是为此目的而存在的。

巴坦加里对这些事情做了清楚的解释，他必须将真实情况告知学习者，而不是鼓励人们去习得超自然能力。这就是巴坦加里的睿智之处，他并不隐藏任何事情，他说：“这些都是可能的，不用怀疑。但是，你不要去追逐它们。你可能会受伤，让它们来追逐你吧。”

५२. स्थान्युपनिमन्त्रणे सङ्गस्मयाकरणं पुनरनिष्टप्रसङ्गात् ।

STHĀNYUPANIMANTRAṆE SAṄGA SMAYĀKARAṆAṀ PUNAR ANIṢṬA PRASAṄGĀT.

【STHANYUPANIMANTRANE：连天上的神都会赞赏的时候；SANGA：不执着、无牵挂；SMAYA：自豪；AKARANAM：不做、不接受；PUNAH：再；ANISHTA：不受欢迎的；PRASANGAT：有被抓住的可能】

52 瑜伽修行人对于天上的神的赞赏，既不应接受，也不应自豪，因为有可能他会再次不受欢迎。

·我的感悟·

५३. क्षणतत्क्रमयोः संयमाद्विवेकजं ज्ञानम् ।

KṢAṆA TAT KRAMAYOḤ SAṀYAMĀD VIVEKAJAṀ JÑĀNAṀ.

【KSHANA：一瞬间、一刹那（当下）；TAT：它的；KRAMAYOH：依照顺序；SAMYAMA：借由三雅马；VIVEKAJAM：明辨、有辨别力的；JNANAM：知识】

---

53 对不停的瞬间（当下）做三雅马的专注练习，将获得明辨的知识。

·我的感悟·

५४. जातिलक्षणदेशैरन्यतानवच्छेदात् तुल्ययोस्ततः प्रतिपत्तिः ।

JĀTI LAKṢAṆA DEŚAIR ANYATĀNAVACCHEDĀT TULYAYOS TATAḤ PRATIPATTIḤ.

【JATI：种类；LAKSHANA：特征、记号、特性；DESAIR：与立场；ANYATA：差别、不同；ANAVACHHEDAT：无法区分的；TULYAYOH：同样的；TATAH：如此（上述所描述的）；PRATIPATTIH：可区分的】

54 如此，无论在种类、特征、立场上都很相似而无法区分的事物，就能清楚明辨了。

· 我的感悟 ·

५५. तारकं सर्वविषयं सर्वथाविषयमक्रमं चेति विवेकजं ज्ञानम् ।

TĀRAKAM̐ SARVA VIṢAYAM̐ SARVATHĀ VIṢAYAM̐ AKRAMAM̐ CETI VIVEKAJAM̐ JÑĀNAM̐.

【TARAKAM：卓越的、超越物质世界而存在的；SARVA：全部；VISHAYAM：事物、物体；SARVATHA：在所有的里面；VISHAYAM：情况；AKRAMAM：没有连续的，同时存在的；CHA：和；ITI：这个；VIVEKAJAM：明辨、辨别力；JNANAM：知识】

---

55 能明辨知识，可同时了解所有情况下的所有事物，是一种直觉的知识，可以带来解脱。

·我的感悟·

५६. सत्त्वपुरुषयोः शुद्धिसाम्ये कैवल्यम् ।

SATTVA PURUṢAYOḤ ŚUDDHI SĀṀYE KAIVALYAṀ.

【SATTVA：宁静的心；PURUSAYOH：和真实自我；SUDDHI：净化；SAMYE：相等、同等；KAIVALYAM：绝对的、解脱】

56 当宁静的心到达真实自我般的净化境界时，就解脱了。

哪一种是你能抓住的最大的鱼？是“自我的鱼”（Sel-fish，意为自私）。钓上那条鱼，你就可以准备一个很大、很好的鱼缸了。你不需要把自我的鱼杀了，就把它留在鱼缸里，给别人看：“你瞧，这是我的鱼。”这将会是最好的鱼缸了。

我们的视野不要如此狭窄，绝对不可以只注意小事情，这不是一件好事，不要只注意这些细小的琐事。

有的时候它们（自私）会来引诱你：“嗨，来啊，我在这里，我在这里，用我吧。”你一定要说：“不，这不是我的目标，我要往前看，我甚至不应该站在这儿为一些无关紧要的事停留。”

我这么说是因为在你的灵性修行途中，旁边的事物会一直引诱、考验你。就像有一个国王坐在那儿，准备给你所有的东西一般。国王邀请你参加一个宴会，做他的朋友，而你也正准备赴宴。在赴宴途中，你看到各种表演，魔术师要把戏、乐队演奏等等。你知道他们都是应国王的要求前往皇宫表演的。当你到达皇宫的时候，他们会同时到达皇宫，你可以坐在国王旁边来欣赏表演。但是，如果你忘记这回事，直接站在路旁看起了表演，就会错过国王的宴会。

绝对、绝对不要只注意小事情，我们的目标是很崇高的，是永恒的和平、永恒的喜悦。不要只为一点点的平静或一点点的喜悦、琐碎的快乐而停下脚步。

·我的感悟·

解脱篇

KAIVALYA PADA

这是瑜伽经的最后一篇——开瓦拉，也就是领悟后的解脱，内容谈到绝对、真实、解脱。

瑜伽修行人至此可以明察秋毫，从不真实中分辨出真实，不再受本性的三种特质（Gunas）所影响，并且能清楚地明辨真实自我（Purusha）与本性（Prakriti）的差异。

开瓦扬（Kaivalyam）的根基是开瓦拉（Kevala），它的意思是没有特性与条件，亦即宇宙。有开瓦拉特性的人叫作开瓦扬。那是一种解脱、无限的经验。

१. जन्मौषधिमन्त्रतपःसमाधिजाः सिद्धयः ।

JANMAUṢADHI MANTRA TAPAḤ SAMĀDHI JĀḤ SIDDHAYAḤ.

【JANMA：出生、诞生；AUSHADHI：草药、草本植物；MANTRA：咒语、诵经；TAPAH：苦行；SAMADHI：三摩地；JAH：出生；SIDDHAYAH：超自然能力】

1 超自然能力是天生的，由前世练习而来，或借由草药、重复诵经、苦行、练习三摩地得来的。

巴坦加里在此篇一开始就回顾获得超自然能力的方法，瑜伽修行人可借由练习瑜伽而得到超自然能力。

有些人也许一辈子都没有练习过瑜伽却具有超自然能力，他们也不知道自己是怎么得到这些超自然能力的。这就证明了他们在前世做过一些事，今生才有这样的能力。

还有一些人通过吸食迷幻剂（一种可让吸食者产生幻觉的药剂）或食用草药（如大麻）而体验到超自然能力，这些所谓的“草”，是种草药，不是吗？甚至草菇也可说是一种草药。

超自然能力也可借由反复诵经的练习、苦行、禁欲（亦即通过接受苦难、磨炼意志力的方式）来控制、约束心灵。

最后，巴坦加里说，可以通过适当的专注、冥想程序的练习，进入三摩地，以得到超自然能力。

所以，有许多种方法可以得到超自然能力。但是，通常我们的认知是通过非三摩地的方法（即非自然的方式）得到的。举例来说，利用草药而产生超自然能力，是利用了外在的刺激物，那不是一种根本的超自然能力，它会来，也会消失。所以，超自然能力应以瑜伽的正规程序得来，而非通过外在刺激物，例如草药。

२. जात्यन्तरपरिणामः प्रकृत्यापूरात् ।

JĀTYANTARA PARIṆĀMAḤ PRAKṚTY ĀPŪRĀT.

【JATYANTARA：由一个种类到另一个种类；PARINAMAH：转换、变形；PRAKRITI：自然、本性；APURAT：流转】

---

2 由一个种类转换成另一个种类的生命，是自然定律流转的结果。

·我的感悟·

३. निमित्तमप्रयोजकं प्रकृतीनां वरणभेदस्तु ततः क्षेत्रिकवत् ।

NIMITTAṀ APRAYOJAKAṀ PRAKṚTĪNĀṀ VARAṆABHEDAS TU TATAḤ KṢETRIKAVAT.

【NIMITTAM：偶然事件；APRAYOJAKAM：不费力的；
PRAKRITINAM：朝向自然的进化演化；VARANA：障碍物；BHEDAH：移除；
TU：但是；TATAH：从那儿；KSHETRIKAVAT：像一个农夫】

---

3 偶发的事件并不会直接促使自然演化，只是如同农夫移除障碍物一般。

巴坦加里在这里举了一个很好的例子，农夫如何让水流进农田里？只要将水渠中的障碍物移除就行了。你的心灵也想流进最原始的宁静中，但途中有障碍物阻塞了它的流动。你的练习和老师所做的就如同农夫的工作一般。老师也许并没有带给你什么新的东西；相反，他只是移除了障碍物。如此一来，意识的流动就会继续下去，最终抵达宁静之地。

水早已在运河里流动，老师只是去寻找阻塞物，然后把它们拿出来。一旦障碍物被移除了，老师不用告诉水——"你可以流动了"，水自然就能畅行无阻地流过去。就像户外的太阳，它永远在那儿，准备进入你的屋子。进不来是因为窗户和门都关着，如果你把它们打开，太阳就照进来了。

४. निर्माणचित्तान्यस्मितामात्रात् ।

NIRMĀṆA CITTĀNY ASMITĀ MĀTRĀT.

【NIRMANA：形成、产生、创造；CHITTANI：心灵（特质）；ASMITA：自我本位；MATRAT：独自的、只是】

4 创造出来的心灵是由自我本位意识产生的。

· 我的感悟 ·

५. प्रवृत्तिभेदे प्रयोजकं चित्तमेकमनेकेषाम्।

PRAVṚTTI BHEDE PRAYOJAKAṀ CITTAṀ EKAM ANEKEṢĀṀ.

【PRAVRTTI：功能、作用；BHEDE：不同处、差异；PRAYOJAKAM：指导者；CITTAM：心灵特质；EKAM：一；ANEKESAM：很多的其中之一】

5 虽然创造出来的心灵作用都不一样，但瑜伽修行人最原始的心会指引它们。

·我的感悟·

६. तत्र ध्यानजमनाशयम् ।

TATRA DHYĀNAJAM ANĀŚAYAṀ.

【TATRA：这些；DHYANAJAM：由冥想生出的；ANASAYAM：脱离宿命的印象】

6 只有冥想中产生的心灵才可以脱离宿命的印痕。

·我的感悟·

७. कर्माशुक्लाकृष्णं योगिनस्त्रिविधमितरेषाम् ।

KARMĀŚUKLĀKṚṢṆAM YOGINAS TRIVIDHAM ITAREṢĀM.

【KARMA：行为造作、业；ASUKLA：既不是白的；AKRISHNAM：也不是黑的；YOGINAH：瑜伽修行人的；TRIVIDHAM：三种；ITARESHAM：为其他的人】

7 **瑜伽修行人的行为既非白的（好的），也非黑的（坏的）。但是其他的人则有三种：好的、坏的、好坏都有的。**

这里所说的白与黑是好与坏的意思，或是纯净与不纯净的行为。但事实上，瑜伽修行人的行为并没有纯净或不纯净之分，其所表现的行为是如此宁静，毋须分类就已经超越了好与坏。别人也许会将你的行为加以分类，但对你来说，那只是一些必须做的事，而且就这么自然而然地发生了。

以一种工具做例子，如一把刀。如果用刀来切水果，你也许会说这是好事；但如果用刀来行凶，那就是坏事了。但是，对刀子来说，切就是切，切哪里、切什么都没有关系。使用这把刀的人，可能会面对好与坏的分别，瑜伽修行人则超越了这双重标准。

无论如何，对一个普通人来说，其行为分为三种：好的、坏的、好坏都有的。某种行为的一部分也许是好的，另一部分也许是坏的。举例来说，你也许做了一件很好的事，但你的动机有一点自私，行为是好的，但动机是坏的。对别人也许是好的，但对你却不好。

由此，我们可以看出瑜伽修行人的行为与其他人的行为有何区别了。其他的人说："这个很好，我做得很好。"或是："啊，我真是做得大错特错。"或是："这个做得很普通。"对瑜伽修行人来说，是不能这样分类的。

८. ततस्तद्विपाकानुगुणानामेवाभिव्यक्तिर्वासनानाम् ।

TATAS TADVIPĀKĀNUGUṆĀNĀṀ EVĀBHIVYAKTIR VĀSANĀNĀṀ.

【TATAH：这些；TAT：他们的；VIPAKA：结果、实现；ANUGUNANAM：合适的情况；EVA：唯一的、只；ABHIVYAKTIH：显现、表明；VASANANAM：潜意识的印象】

8 这些行为的潜意识印象，只有在顺利的情况下，才会在特定的来生显现。

· 我的感悟 ·

९. जातिदेशकालव्यवहितानामप्यानन्तर्यं स्मृतिसंस्कारयोरेकरूपत्वात् ।

JĀTI DEŚA KĀLA VYAVAHITĀNĀṀ APY ĀNANTARYAṀ SMṚTI SAṀSKĀRAYOR EKARŪPATVĀT.

【JATI：等级或种类；DESA：空间、场所；KALA：时间；VYAVAHITANAM：分开；APY：虽然、纵使；ANANTARYAM：不间断的、连续的关系；SMRITI：记忆；SAMSKARAYOH：印象；EKARUPATVAT：因为相等的、同一的】

9 虽然（在不同的转世中）欲望会因等级、时间、空间而分隔，但它们有一种不可分离的连续关系，因为欲望的印象和记忆是相同的。

· 我的感悟 ·

१०. तासामनादित्वं चाशिषो नित्यत्वात् ।

TĀSĀṀ ANĀDITVAṀ CĀŚIṢO NITYATVĀT.

【TASAM：它们（印象与记忆）；ANADITVAM：没有开始、起点；CHA：以及、和；ASISHAH：生存的欲望；NITYATVAT：永恒的、不朽的】

---

10 既然生存的欲望是永恒的，其印象与记忆是没有开始的（永远存在）。

· 我的感悟 ·

११. हेतुफलाश्रयालम्बनैः संगृहीतत्वादेषामभावे तदभावः ।

HETU PHALĀŚRAYĀLAṀBANAIḤ
SAṀGṚHĪTATVĀD EṢĀM ABHĀVE TADABHĀVAḤ.

【HETU：原因、动机；PHALA：结果；ASRAYA：基础、原则；ALAMBANAIH：支持；SAMGRIHITATVAT：联结在一起；ESHAM：这些；ABHAVE：由于消失、不见；TAT：他们；ABHAVAH：消失】

---

11 由行为的原因、结果、基础（欲望根源）、支持（欲望之物）连接所造成的印象，会随着以上四者的消失而消失。

·我的感悟·

१२. अतीतानागतं स्वरूपतोऽस्त्यध्वभेदाद्धर्माणाम् ।

ATĪTĀNĀGATAṀ SVARŪPATO'STY ADHVA BHEDĀD DHARMĀṆĀṀ.

【ATITA：过去；ANAGATAM：未来；SVARUPATAH：自己的形态、形象；ASTY：存在、活着；ADHVA：在……的情况下；BHEDAT：不同；DHARMANAM：特质、特性、特征】

12 过去与未来存在于事物的真实形象中，因其特质的差异而显现出来。

·我的感悟·

१३. ते व्यक्तसूक्ष्माः गुणात्मानः

TE VYAKTA SŪKṢMĀḤ GUṆĀTMĀNAḤ.

【TE：它们（特质）；VYAKTA：显现、表现；SUKSHMAH：精微的、敏锐的；GUNATMANAH：本性的特质】

---

13 不论可显现出来的或是精微看不见的，都属于本性的特质。

·我的感悟·

१४. परिणामैकत्वाद्वस्तुतत्त्वम् ।

PARIṆĀMAIKATVĀD VASTU TATTVAṀ.

【PARINAMA：转换；EKATVAT：由于同样、一律；VASTU：事情、事物；TATTVAM：真实】

14 事物的真实性取决于本性特质间的转换。

· 我的感悟 ·

१५. वस्तुसाम्ये चित्तभेदात् तयोर्विभक्तः पन्थाः ।

VASTU SĀṀYE CITTA BHEDĀT TAYOR VIBHAKTAḤ PANTHĀḤ.

【VASTU：事物、物体、对象；SAMYE：同样的；CHITTA：心态；BHEDAT：由于不同；TAYOH：它们的；VIBHAKTAH：是不一样；PANTHAH：认知、觉知、觉察的方法】

15 由于不同心灵的差异，对同一事物的认知也会不一样。

·我的感悟·

१६. न चैकचित्ततन्त्रं वस्तु तदप्रमाणकं तदा किं स्यात् ।

NA CAIKA CITTA TANTRAṀ VASTU TADAPRAMĀṆAKAM TADĀ KIṀ SYĀT.

【NA：也没有、亦非；CHA：和；EKA：单一的；CITTA：心灵；
TANTRAM：依靠的、扶助的；VASTU：事物、物体；TAT：那个；
DAPRAMANAKAM：不理解；TADA：那么；KIM：什么；SYAT：变成】

---

16 一个事物的存在，并非依据单一的心灵。否则，当心灵没有理解它时，事物会变成什么呢？

·我的感悟·

१७. तदुपरागापेक्षित्वाच्चित्तस्य वस्तु ज्ञाताज्ञातम् ।

TADUPARĀGĀPEKṢITVĀC CITTASYA VASTU JÑATĀJÑĀTAM.

【TAT：如此；UPARAGA：上色、色彩；APEKSHITVAT：由于需要；CITTASYA：心灵特质；VASTU：事物、物体；JNATA：被认知；AJNATAM：不被认知】

---

17 一个事物是否被认知，要看心灵是否被它上了色彩。

·我的感悟·

१८. सदा ज्ञाताश्चित्तवृत्तयस्तत्प्रभोः पुरुषस्यापरिणामित्वात् ।

SADĀ JÑĀTĀŚ CITTA VṚTTAYAS TAT PRABHOḤ PURUṢASYĀPARIṆĀMITVĀT.

【SADA：永远、总是；JNATAH：被知道、了解；CITTA：心灵特质；VRTTAYAH：变化、改变；TAT：它的；PRABHOH：主宰、神；PURUSASYA：关于真实的自我；APARINAMITVAT：由于他的不变】

---

18 真实自我是永恒不变的，它永远知道心灵是否改变。因此，它是心灵的主宰。

巴坦加里在这里说到心灵的变化。心灵不断改变是因为那是自然的趋势，是本性中会改变的一部分。我们的智慧只能够让心灵平静一会儿。因此，我们的目的不仅是保持心灵的宁静，而且要超越心灵，认知那个永保平静的自我。

真实自我是心灵的主宰，这就是巴坦加里所说的神。他知道所有发生在心灵上的改变。如果他也会改变，他怎么能认知到这些改变？一个改变的东西不会知道其他东西的改变，就像一个疯子不会知道其他的人是否疯了。由于真实自我不会变，所以永远知道心灵会改变的天性。

१९. न तत् स्वाभासं दृश्यत्वात् ।

NA TAT SVĀBHĀSAṀ DṚŚYATVĀT.

【NA：不是；TAT：它（心灵特质）；SVABHASAM：自我发光；DRISYATVAT：由于它的认知、觉知】

---

19 心灵是不会自我发光的，因为它是被真实自我所认知的事物。

在此，我们看到的是差不多的理念。心灵的本质不是主体，它是依附于真实自我这一主体的客体。心灵的功能是真实自我所理解、觉知的。这个被看见者永远不能变成看见者，反过来也一样。如果一个看者是被某样东西所看见，那么他不再是看者，而是被看者。这个对看见与被看见者区别的真实认知，就是瑜伽。

它似乎很简单，那为何我们不一直拥有它呢？因为心灵的特质不是那么清楚，它会把我们拖下水，它不允许我们和心灵分开，幻觉常常会戏弄我们。

例如，昨天你有个精神层面的经验，但不能带给你长久的满足。你可能会说："我不再喜欢它了，我不要了。这是我最后一次用它了。"结果，两天以后，你又想要同样的东西了。

这代表什么呢？在某个特定点，真实的智慧浮现，可幻觉接着又来欺骗你："啊，昨天我真的很难过，但今天一定会很好，对吧？"

这是因为出现了自我意识，那是心灵的基础，它不让你知道你是谁或是不让你做你自己。这就是为什么即使在真实自我下仍然无法一直拥有瑜伽境界的真实认知。

当你伤害了别人，你说："我没有伤害他，是我的心伤害了他。"当别人伤害了你，你也应该有同样的反应才对——"其实，你并没有伤害我，是你的心伤害了我。所以，我不会对你生气。"

但是，通常情况下，当我们伤害了别人，我们怪罪到我们的心。当别人这么对待我们时，我们又会说："你好大的胆子，敢这么做？"比如当我们练习瑜伽的"摊尸"（放松休息的姿势）时，你会说："我不是这个身体，躺在这里的只是一个身体。"但是，当你起身时，如果别人说："你真是个胖子。"你被惹恼了："你敢这么说？"别人没有叫你胖子，他只是在说你的身体。

我们应该知道，心会溜走，要把它抓回来；再溜走，再抓回来。一次又一次，这就是灵性的练习。

२०. एकसमये चोभयानवधारणम् ।

EKA SAMAYE COBHAYĀNAVADHĀRAṆAṀ.

【EKA：同样的一个；SAMAYE：时间；CHA：和；UBHAYE：两者；ANAVADHARANAM：不能觉察、看见】

20 心灵不能同时觉察主体（看者）与客体（被看的事物）。

心灵从外在看事物，有时候如果够清楚，它也可以转向内在，反映真实自我。所以，它可以是主体，也可以是客体。如果是主体，它可以看见别的东西；如果是客体，它会被真实自我看见。但是，真实自我不会同时既是主体（看者）又是客体（被看的事物），它永远是主体。

·我的感悟·

२१. चित्तान्तरदृश्ये बुद्धिबुद्धेरतिप्रसङ्गः स्मृतिसंकरश्च ।

CITTĀNTARA DṚŚYE BUDDHIBUDDHER ATIPRASAṄGAḤ SMṚTISAṀKARAŚ CA.

【CITTANTARA：另一颗心；DRSYE：认知、察觉、觉知；BUDDHIBUDDHER：觉察者的觉察；ATIPARASANGAH：无尽的、无止境的；SMRTISAMKAPAS：记忆的混淆；CHA：和】

21 如果一颗心灵被另一颗心灵所认知，并视为当然时，我们就得对它们假定一个无尽的数字——还会有第三颗心灵、第四颗……结果将造成记忆的混淆。

译注：

这里的意思是，一件事的真相、真理只有一个，心灵不该有另一个认知；若有，则表示还会衍生出不同的错误认知而造成思想上的混淆。

·我的感悟·

२२. चितेरप्रतिसंक्रमायास्तदाकारापत्तौ स्वबुद्धिसंवेदनम् ।

APRATISAMKRAMĀYĀS TADĀKĀRĀPATTAU SVABUDDHISAMVEDANAM.

【CHITEH：意义；APRATISAMKRAMAYAH：真实自我（Purusha）是不会改变的；TAT：它（心灵特质）；AKARAPATTAU：借由真实自我的影响；SVABUDDHISAMVEDANAM：变成自我觉知】

22 真实自我的意识是不会改变的，当心灵受到它的影响，就变成了它的意识。

·我的感悟·

२३. द्रष्टृदृश्योपरक्तं चित्तं सर्वार्थम् ।

DRAṢṬṚ DṚŚYOPARAKTAṀ CITTAṀ SARVĀRTHAṀ.

【DRASHTRI：看者（真实自我）；DRISYA：被看见；UPARAKTAM：影响（被染色了）；CHITTAM：心灵特质；SARVARTHAM：全部了解】

23 心灵受到真实自我（看者）的影响后（被看见），就能够了解所有的事了。

·我的感悟·

२४. तदसंख्येयवासनाभिश्चित्रमपि परार्थं संहत्यकारित्वात् ।

TAD ASAṀKHYEYA VĀSANĀBHIŚ CITTAM API PARĀRTHAṀ SAṀHATYA KĀRITVĀT.

【TAD：那个；ASAMKHEYA：数不尽的、无穷的；VASANABHIH：虽然希望；CHITTAM：心灵特质；API：也、同样；PARARTHAM：为了另一个；SAMHATYA：与真实自我（Purusha）结合；KARITVAT：表现、行为、演出】

---

24 虽然有无穷的欲望，但心灵是为了真实自我而存在的，因为它的表现只能与真实自我结合。

·我的感悟·

२५. विशेषदर्शिन आत्मभावभावनाविनिवृत्तिः ।

VIŚEṢA DARŚINA ĀTMABHĀVA BHĀVANĀ VINIVṚTTIḤ.

【VISESA：区别的；DARSINA：看者；ATMABHAVA：如自我的心灵；BHAVANA：念头、想法、思想；VINIVRITTIH：永远停止】

---

25 能够看出心灵与真实自我的区别者，其念头就将如真实自我般永远停止了。

· 我的感悟 ·

२६. तदा हि विवेकनिम्नं कैवल्यप्राग्भारं चित्तम् ।

TADĀHI VIVEKA NIṀNAṀ KAIVALYA PRĀGBHĀRAṀ CITTAṀ.

【TADAHI：于是；VIVEKA：辨别、区别；NIMNAM：倾向；KAIVALYA：解脱、绝对、完全的独立自主；PRAGBHARAM：向一方移动、吸引；CHITTAM：心灵特质】

---

26 于是，心灵朝向能够分辨的境界，从而引向解脱之道。

· 我的感悟 ·

२७. तच्छिद्रेषु प्रत्ययान्तराणि संस्कारेभ्यः ।

TACCHIDREṢU PRATYAYĀNTARĀṆI SAṀSKĀREBHYAḤ.

【TACHCHHIDRESHU：在……之间；PRATYAYANTARANI：困惑的想法出现、升起；SAMSKAREBHYAH：从过去的印象】

---

27 由于过去的印象，在能够分辨与解脱之间，可能会出现困惑的想法。

· 我的感悟 ·

२८. हानमेषां क्लेशवदुक्तम्।

HĀNAM EṢĀṀ KLEŚAVAD UKTAṀ.

【HANAM：移除；ESHAM：它们的（过去的印象）；KLESAVAD：如同障碍的那些情况；UKTAM：以前曾说过】

---

28 这些过去的印象是可以移除的，就像曾经谈过移除障碍的那些情况。

请参考瑜伽经练习篇之一、二、十、十一和二十六节。

·我的感悟·

२९. प्रसंख्यानेऽप्यकुसीदस्य सर्वथा विवेकख्यातेर्धर्ममेघः समाधिः।

PRASAṀKHYĀNE'PY AKUSĪDASYA SARVATHĀ VIVEKAKHYĀTER DHARMAMEGHAḤ SAMĀDHIḤ.

【PRASAMKHYANE：由于完美的区分而达到最好的结果；APY：即使、相等；AKUSIDASYA：完全没有兴趣；SARVATHA：不变的、永恒的；VIVEKAKHYATEH：有区别的、特殊的；DHARMAMEGHAH：戒条的蒙蔽；SAMADHI：三摩地】

---

29 由于拥有完美的分辨力，即使有最好的奖赏在前，也完全没有兴趣，还能恒久地持续明辨，这种境界称为大马美加三摩地。

巴坦加里在这里谈到了一种三摩地的境界，称为大马美加三摩地（Dharmamegha Samadhi）——大马三摩地的云雾。大马（Dharma）的意思包括道德、正义、法律、责任、美德、宗教、宗教价值、坚实的天意，大马美加的意思则是那里有所有美丽的特质。一旦进入了这个境界，即使有很强的欲望都会消失。

这是为什么呢？谁希望进入高深的境界呢？是那些已经在高深境界的人吗？不是的，只要你希望到达高深的境界，你就还没有到达那个境界；当你到达了那个境界，欲望就消失了。你已到达你希望到达的境界，所有的欲望都会离你而去，只有在这个境界里，你才能得到完全的解脱。

圣人提鲁木拉（Thirumoolar）说：“即使是神，请不要对他有欲望。”意指欲念本身即为束缚，到最后希望能得到神的欲念也得舍弃。这个欲念何时会走？当你到达神的境界时，这是很微妙的，欲望满足了以及没有欲望是同时产生的。就像你说："我要睡觉，我要睡觉。"在某一点上，你入睡了。只有当"我要睡觉"的想法进行时，你才真正入睡了。所以，大马美加三摩地不是单靠努力得到的。虽然你尽全力到达某一点，当你真的到了那个地方，已经不用再努力了，它变得不须费力了。在那一刻，更加的努力反而会让你到不了那个境界。

直到我们到达那个境界以前，会有某些好的欲望帮助我们远离所谓好的欲望。这也不是一件坏事。然后，当你有能力去除不好的欲望时，去除好的欲望也变得容易了。这和用肥皂洗衣服的例子完全一样。

试想，你有一件洁白的衣服，因某种原因弄脏了，你要让衣服"不脏"，你会怎么做？你需要一块肥皂。什么是肥皂？另一个脏东西，不是吗？也许它看起来既好看又好闻，还得花钱买，但它仍然是个脏东西。一旦有了肥皂，你要怎么做？你得把这个付了钱的脏东西与不用付钱就得到的脏东西结合在一起。在适当的时间，你把那些无用的脏东西和新的脏东西混在一起搅拌后，再把衣服用水洗干净，从洗衣盆里拿出来。结果，两种脏东西都被洗干净了。

同样的，你得用好的需求来去除不好的需求。当旧有的需求正要被去除时，好的需求也要被去除。"好，我已无所求，我得以解脱了。"相反，如果将一个不好的欲望借着另一个不好的欲望消除，第二个欲望可能会帮助你消除第一个欲望，但第二个不好的欲望却留下来了。

举个例子，我们的政府也会犯错，为了要消除海洛因对身体的毒害，它让人们用美沙酮（Methadone）药方来消除吸食者对海洛因的依赖。美沙酮的确有效了，但美沙酮又留下了什么？日益增加的美沙酮对身体又造成了伤害。于是，你又需要另一种东西来消除因美沙酮带给身体的不适，这变成了一个恶性循环。

再举一个曾经在历史上发生过很多次的例子。一个国家为了抵御敌国入侵，借着另一个国家的帮助来完成。印度境内的伊斯兰教徒曾经想推翻印度政府，于是，他们向英国政府求援，英国人来了，他们帮助伊斯兰教徒压制了印度人。但是，当伊斯兰教徒胜利后，英国人说："我们已经帮助你们压制了印度人，你们得对我们有所回报。否则，我们也会把你们消灭。"谁是真正的统治者？伊斯兰教徒以为压制了印度人之后他们就可以掌控一切，没想到他们反而被英国人控制了。

因此，不论是在日常生活或是整个生命里，当你寻求某样东西的帮助时，我们要辨别那是不是正确的帮助。否则，它可能会在日后把我们困住。

३०. ततः क्लेशकर्मनिवृत्तिः ।

TATAḤ KLEŚA KARMA NIVṚTTIḤ.

【TATAH：从那儿（三摩地）；KLESA：苦恼烦忧；KARMA：业、因缘果报；NIVRRITTIH：停止、止息】

30 从此，一切苦恼烦忧与因缘果报都止息了。

借由大马美加三摩地，所有影响心境的东西都没有了，变成了一个解脱的人。这样的人已经不会被任何东西所影响，他就在那儿，事情不断地发生，这个人已变成一个永久的目击者、证人。身体和心灵在解脱以前已经被训练得很好了，由于它们的因缘果报，在今生继续它们的某些作为与任务。

我们来探讨业报（Karma）的运作。我们所有的行为可以分为三大类。业（Karma）指的是所有的行动、行为都有一个结果，这些结果被储存在一大袋子里，叫作业的袋子。

当因果轮回的业被拿出袋子后，也就是今生将体验的命运。在累世的投胎转世中，你曾经住在许多不同的生命体里，完成过许多的活动。这些活动的结果都被储存在这个袋子里，是你过去所有业的总和。

根据你因果轮回的业，你将以不同特质的身体与心灵来到这个世上。如果你是一个女孩，我是一个男孩，它的意思是指你过去的业给了你一个女性的身体，而我则是被赋予了一个男性的身体，因为我们每个人都要经历我们这一型体所需要的经验。这就是为什么有时候我们会看到残障的身体，没有别的原因会让一个新出生的婴儿身体残缺，是以前造的业得到这样的身体，而灵魂应该忍受这样的结果。

当我们在经验今生的因缘果报时，又再造新的业了，我们要如何区分今生因缘果报的业和新的业？任何未经期待而发生、无法预见之事，就是今生因缘果报的业，任何在你意识里计划并实行的则是新的业了。

如果你走路时故意去踢石头而伤了脚趾头，那是新的业；如果走路时突然踢到石头而伤了脚趾头，那就是今生因缘果报的业。

以上就是三种业：过去业的总和、今生因缘果报的业、新的业。

在解脱者的例子里，由于因缘果报，他们以人的身体来到世上，直到他们得到解脱之前，他们和其他人一样。现在，他们以自我知识决定不再造新的业来困住自己。所以，对他们来说，已经没有新的业了。但是，这并不表示他们就不再有任何行为。有些事情似乎正在发生，他们看起来也好像做了许多的事。但是，他们其实什么都没有做，那全是因为身与心被孤立出来，它们已不受任何活动、行为反应的影响，是心在执行所有的业。

当你了解你是那真实自我时，就知道任何业都是属于心灵的。当那绝对真实的经验（Kaivalyam，开瓦扬）来的时候，过去所有的业都会被燃烧，因为没有任何东西可以激励身与心继续造作下去。由于过去的业不再影响你，你将不会有下一世。但是，因果轮回依然会将身体与心灵保留，依然运作着。

解脱是对于他们的行为既不须责怪也无须赞美，你只要看着他们行动，他们也看着他们自己。所有的责怪与赞美都是针对身体与心灵，而不是针对解脱的人了。

有时候学习者会问解脱的人，死亡之后会怎么样？他们还会投胎吗？或是他们会到另一个层面而继续轮回转世吗？或是会发生怎么样的情况？解脱的人从来不担心，甚至不想知道这些问题的答案。如果他们想知道，就不是解脱之人了。他们是自由的。

那么，你可能会疑惑：为何圣人和先知有时会出现在我们中间？是因为他们有回到世间的欲望吗？那么他们就不是解脱的人了。其实，有时候解脱的人是被送回到这个世界上来的，并不是他们想回来，而是大宇宙的定律如此要求的。

"嗨，你是个好榜样，住到人群之中，让他们看见你的出现和表现，虽然你并没有表现。"有时候老师就是这样被送到这个世上的。

罗摩克里希那·帕拉马汉沙尊者（Sri Ramakrishna Paramahamsa）对此给了一个美丽的比喻。

曾经有几个人想去参观一个果园，他们听说那里有很高大、美丽的果树，但果园四周有高墙，根本就看不到里面有什么。

于是，有一个人首先爬上了墙，看见里面有美味的水果，立刻跳了进去。第二个人也爬上了墙，也立刻跳了进去。

最后，第三个人爬上了墙，当他看见里面的水果时，他说："天啊，我现在怎么能跳进去呢？外面有这么多饥饿的人，他们还不知道这里面有什么，也不知道要如何爬上来。"所以，他坐在墙上说："嗨，这里面有很多水果，快来吧。只要努力爬上来，像我这样。"他把手伸过去，将其他人拉了进来。这样的人叫作老师。他们知道那里有什么，却不想独自拥有，只要有足够的力气，他们就想帮助更多的人。这是宇宙之意识或是定律所安排的。有时候，甚至这样的人也想直接跳进去。神会说："不可以，你留在那儿，跳进去不是你的事。"他们只是在遵守宇宙的定律啊。

要如何辨认出解脱的人？只有在你自己得到解脱时。在那之前，他就像其他任何人一般出现在你面前。虽然我们可能在人群中发现他们，认为那个人就是解脱之人，跟随他。但是，我们要知道，那只是我们自己的认定或想象力。这就是神与宗教的问题。

每一个人都以自己的想象来认定无法被想象的神，且每一个人的想象又都不一样，所以我们会有争执。但是，如果想要认识能够引导你的人，你得用最后的成果来判断。想想什么样的人才是解脱的人，如果你变得比较不快乐，就不要再跟随他了；如果你变得比较健康与快乐，请继续跟随吧。

布丁好不好吃？先舔一下，看看味道如何。如果味道不错，再多吃一些，这是一个很重要的观点。

为什么我的学生要跟随我？他们在我身上看到了什么？每个学生看到的都一样吗？有谁真正地看到了我？他们真的知道我是谁吗？不是，他们依据个人的想法来认识我、喜欢我——“啊，这个老师还不错，可以领导我。”如此而已。那只是他们的想象，想象一位老师应有的样子。如果一切如他所需，他会说：“这就是我要找的老师。”实际上，只有蛇认识蛇，只有一个圣人能够认识一个圣人。

·我的感悟·

३१. तदा सर्वावरणमलापेतस्य ज्ञानस्यानन्त्याज्ज्ञेयमल्पम् ।

TADĀ SARVĀVARAṆA MALĀPETASYA JÑĀNASYĀNANTYĀJ JÑEYAM ALPAṀ.

【TADA：于是、那么；SARVA：全部；AVARANA：遮蔽物；MALAPETASYA：去除不纯洁之物；JNANASYA：知识的；ANATYAT：由于是无穷尽的；JNEYAM：知道的；ALPAM：非常少、几乎没有】

---

31 知识浩瀚无边，当其遮蔽物和不纯洁之物全被除去时，就几乎没有再需要被知道的事物了。

什么是不纯洁？它如同摄影胶卷上那层敏感的膜，"我"和"我的"这自我的意识就像心灵胶卷上的那层膜，它试图捕捉一切可见之物。如果没有了这胶卷，你能看到许多东西却不会受到影响，因为没有事物可以被记录下来。

一个"已解脱的人"，他的心就像是没有那层膜的透明纸，它经过摄影机的拍摄，却不留下任何影像，没有胶卷要处理，不须定影、显影或修改。意思是说他能看到许多东西，却不受到影响，所以毋须任何改正。

译注：本来无一物，何处惹尘埃。

३२. ततः कृतार्थानां परिणामक्रमसमाप्तिर्गुणानाम् ।

TATAḤ KṚTĀRTHĀNĀṀ PARIṆĀMA KRAMA SAMĀPTIR GUṆĀNĀṀ.

【TATAH：那么；KRTARTHANAM：已实现了他们的目标；PARINAMA：转换、变化；KRAMA：连续的；SAMAPTIH：停止、终止；GUNANAM：特质、属性】

---

32 于是，本性的三种特质终止了它们的连续转换，因为它们已达到了目标。

这是一段很美的经文。本性的三个特质（悦性、变性、惰性）不断地交织，因此本性（Prakriti）产生了作用，为什么它们要如此做？换句话说，为什么本性是如此作用的？

很不幸，本性就是我们心灵的镜子，由三个特质所组成。所以，心灵的显现并非都是一样的，它就好像一种能引起幻觉的镜子。偶尔，它是正直的，但大部分时间都是恍惚的。如果你站在镜子前，看到自己时常出现变化，你也将时常忘记真相，因为你把它看得如此珍贵。

在镜子中，丑相也会时常出现，你将误解看到的丑相而说："啊，我好难看，我好不快乐，我好……"其实你处在幻觉中。所以，本性的责任就是用各种方法来折磨你的灵魂，直到它被打击够了为止。然后，在某一点，灵魂说："不，我不能再受它们的影响了，我要离开它们。"当你有这个意识时，灵魂就放弃这个世界了。

"我不再在意你了，因为我一在意你，你就让我处于麻烦之中，让我不得安宁；偶尔你让我有一点快乐，但大部分时间里，我都是不快乐的。”这叫作三亚沙（Sannyasa），意即放弃，“我不要”！

为什么许多人来找我谈话？因为他们不想去夜总会、不想去迈阿密海边、不想去拉斯维加斯，主要原因就是他们不喜欢那里发生的事。为什么？他们已经觉得够了。就像前一段经文所说，当灵魂离开了那些世俗享乐，他们就不会再被污染了。然后本性会怎么样？举个类似的例子，想象一个母亲和一群小孩。小孩们跑出去玩耍，全都弄得脏兮兮的，当他们回家时，满身尘垢。母亲带他们来到浴室，打开浴缸里的水龙头，准备为他们清洗干净。当然，她不能同时清洗每一个小孩。所以，她一个一个地洗。

把一个小孩洗干净了，母亲会怎么做？她把他抱出来擦干，然后说：“到床上去吧！”她会这样就停止工作吗？不会的，浴缸里还有好几个小孩等着清洗。母亲的本性就是这样的，一直要等到所有的小孩都清洗干净了，才会停止工作。

“好吧，擦干了，去，别烦我了，我已经把你洗干净了，还有好多小孩要洗呢。”

这就是这段经文所说的。本性——特质和持续的变化——自由灵魂停止行动了，因为它们已经完成了任务，它们给予真实自我（Purusha）足够的经验了。

३३. क्षणप्रतियोगी परिणामापरान्तनिर्ग्राह्यः क्रमः ।

KṢAṆA PRATIYOGĪ PARIṆĀMĀPARĀNTA NIRGRĀHYAḤ KRAMAḤ.

【KSHANA：瞬间；PRATIYOGI：不间断的、连续的；PARINAMA：转换、变；APARANTA：最后、终点；NIRGRAHYAH：认知、领会、理解；KRAMAH：连续、顺序】

---

33 前面所谈的连续，意指不间断的瞬间，它们能在转换终止时被认知。

·我的感悟·

३४. पुरुषार्थशून्यानां गुणानां प्रतिप्रसवः कैवल्यं स्वरूपप्रतिष्ठा वा चितिशक्तेरिति ।

PURUṢĀRTHAŚŪNYĀNAṀ GUṆĀNĀṀ PRATIPRASAVAḤ KAIVALYAṀ SVARŪPA PRATIṢṬHĀ VĀ CITIŚAKTER ITI.

【PURUSARTHASUNYANAM：不再需要服务（有目的）真实自我了；GUNANAM：本性的特质、属性；PRATIPRASAVAH：再吸收；KAIVALYAM：解脱、绝对、自主的；SVARUPA：它自己的本性；PRATISTHA：安顿、停息；VA：或者、或是；CITISAKTEH：纯意识的力量；ITI：如此】

34 当本性的特质融入了本性，不再需要来服务真实自我，它已安住在自己纯洁的本性里。于是，达到了解脱的最高境界。

巴坦加里并不是说本性特质（Gunas）和本性（Prakriti）真的有所不同，而是当本性特质没有单独出现的时候，我们用本性这个名词。当本性特质显现时，本性对真实自我发生作用；一旦其作用消失，本性特质就从真实自我中撤回它的行动。或者，用另一种解释来说："纯意识的力量就是在他自己纯洁的本性里。"亦即本性特质撤离、完成了它的工作，因为真实自我已完全被净化，不再到处乱跑了，因为它了解它就是那快乐的人性、化身。

现在，如果我们回到这部经典的最开始，三摩地篇的第二节："约束心灵的变化就是瑜伽。"第三节："于是真实自我安住在自己纯洁的本性里。"其实，瑜伽经的所有四篇都在解释这两节，所要练习的就是约束心灵变化，找到自己真实的本性，就是那样的经验。这就是为什么在这部经典的最后一节又谈到它。“你就安住在自己真实的本体内，你已经玩过游戏了，已经获得所有的经验了。所以，你可以休息了。”

休息，巴坦加里的意思是指真实的你可以休息了，但你的身体和心灵仍然在工作。并不是你的身体和心灵需要休息，它们必须继续工作，那是它们被创造出来的目的。

根据普拉拉布达（Prarabda，造成你出生的动力），一个动力被创造出来是有目的的，就像轮子被创造出来是为了滚动。你早先时推动了一把，身体和心灵现在所要面对的就像普拉拉布达，当你到达解脱的境界时，推动的手已经拿开，但轮子不会立即停下来，它会继续转动，直到动力消失为止。当动力还在时，你只是休息，同时观看所发生的事，像个证人一样。就像老祖父看着孙子，但不会受他们的影响。

在某种感觉上，你是注视者；在另一种感觉上，你是行动者。全看你如何定位自己。在现实里，你是注视者；如果你错过了，你就是行动者。当你变成行动者，你得为你的行动负责；当你是注视者，你不需要为你的行动负责，因为你并没有行动。所以，要么是行动与负责，要么就是放任你的身体和心灵去行动，当个完全自由的注视者。

如果身体和心灵做错事了，它们得经历一些痛苦。如我的心把我的手指放进火里，我注视着。我的心把我的手指放进火里，但由于我只是注视着却没有采取任何行动，我的手指就会被烧伤，心灵就会感到痛苦。当心哭泣：“我受伤了。”我必须一直看着它。手指受伤了，心则是疼痛的。

瑜伽修行人通常是为别人而行动，他们不会受到影响。不论结果如何，都是别人的事。卡马瑜伽——无我的服务，没有任何个人的期盼——这是由心灵来完成的。

事实上，所有的瑜伽练习都是以心来练习，而非真实的你，这就是为什么我们很少谈到真实的你。你可以不管真实的你，而是那个形象——你或是自我的形象——才需要瑜伽。也是为了自我意识，才会教你“如果你希望安静与快乐，为别人做事吧！”对真实自我是不需要经文的。

整个练习都是为着本位的自我或是更低层的自己，个别的自己。所以，让这个低层的自己、本位的自我或是心灵从自我中心、利己行为里解放出来。那么，它也可以安息在平静里，反映出自己。心灵不需要一直去运作，即使在运作，它也可以保持祥和与快乐，那么它就不会成为一个负担。

当瑜伽修行人在做事的时候，他是很享受的，就像是演一出戏或玩一个游戏。经文上所谈到的自己只是为了智能上的了解，但自我意识真实的一面是很简单的。只要学习无我，学习走向奉献之路，不管你做什么，都是为别人而做。只有能奉献的人才能享受平静，这就是我不常谈经典的原因。

我的学生希望我出这本瑜伽经，所以，我说了以上所有的文字。但是，对我个人来说，我并不觉得我们需要经书。整个生命就是一本敞开的书，一部经典，好好读它，挖一个沟、砍些木头或煮些食物的时候就可以学习了。如果你没有办法在日常生活中学习，那你怎么会了解这部经典呢?

·我的感悟·

结语

真诚地希望和祈祷你们每一个人都能通过伟大的瑜伽祖师巴坦加里·马哈利希的仁慈与帮助，体验到瑜伽的和平与喜悦，并且达到他的“瑜伽经”所指引的至高成就。

希望你们超越这本书有限的知识领域，通过你这一生心灵的净化而悟道，并得以解脱。OM，和平，和平，和平，OM，无限，存在，真理。

附录一

梵文及其发音

梵文属于古印欧语系，非常古老，被称为永恒的古老印度圣典，梵文唱颂、朗读已有数千年历史，直到今天依然适用。

梵文的意思是完美的、文艺的、精炼的、优美的，是一种高度编制、有组织的语言，其文法复杂。不过，有些文献以简单的梵文形式呈现，比较容易了解，这类圣书如《薄伽梵歌》、《吠陀奥义书》、《巴坦加里的瑜伽经》……

梵文生字的元音和子音都是依据发音的器官连续排列的。先由喉咙开始，然后是上颚，然后是一连串的舌背发音（现在常用的卷舌音），接着是齿音及唇音，然后是半元音、齿擦的声音（发出嘶嘶的声音）及完全的气音（字母 h，呼气发音）。

母音的发音包括双重母音、鼻音（半 n 音）及气音（h 音）。母音有短、长音，双重母音发长音，气音重复前面的母音（如 a = aha，i= ihi 等）。

气音（h 音）属子音，一定要发出声来。舌背的发音，舌头要向后卷起来，舌头要碰到上颚。齿音类似英文 th，发音时舌头要碰到牙齿的后方。梵文生字的上、下有一些符号：如“.”、“~”、“–”等，意思如下：在字上面的“.”意思是由喉咙发音；在字下面的“.”意思是由舌背发音；

“~”是由舌、鼻发音；而“–”是由舌头发音。

要找到完全一样发音的中文并不容易，但经文的朗诵如能尽量捕捉近似的发音，也是一种乐趣吧！

附录二

书籍参考

HOW TO KNOW GOD,
THE YOGA APHORISMS OF PATANJALI
如何认识神，
巴坦加里的金玉良言
翻译及诠释者：PRABHAVANANDA，SWAMI AND CHRISTOPHER ISHERWOOD

RAJAYOGA
拉加瑜伽
翻译及诠释者：SWAMI SIVANANDA，RISHIKESH，THE DIVINE LIFE SOCIETY 1937

THE SCIENCE OF YOGA
瑜伽科学
翻译及诠释者：TAIMNI，I.K. THE THEOSOPHICAL PUBLISHING HOUSE 1967

ENLIGHTENED LIVING

被启发的生活

翻译及诠释者：SWAMI VENKATESANANDA. CAPE PROVINCE, SOUTH AFRICA 1975

RAJA YOGA

拉加瑜伽

翻译及诠释者：SWAMI VIVEKANANDA. NEW YORK RAMAKRISHNA VIVEKANANDA CENTER 1970